3 スパイス & 3 ステップで作る　改訂版

もっとおいしい！

はじめての
スパイスカレー

水野仁輔

※本書は、2013 年 5 月に発行された『3 スパイス＆3 ステップで作る もっとおいしい！ はじめてのスパイスカレー』（水野仁輔著、パイ インターナショナル刊）の内容を加筆修正した改訂版です。

はじめに

スパイスを使って、簡単に本格的なカレーが誰にでも作れます。

「スパイスでカレーを作るなんて……」と
尻込みしてしまうかもしれないみなさんのために、
とっておきのスパイスカレーを紹介します。

① たった３種類のスパイスを準備すればＯＫ。
② ３ステップでできるから、ややこしい手順もありません。
③ フライパンひとつあれば、立派な鍋がなくても大丈夫。

「それならやってみよう！」という気になりませんか？

３種のスパイスとは、
ターメリック、カイエンペッパー、クミン。
クミンの代わりにコリアンダーを使うのもアリです。

３ステップとは、切る、炒める、煮る。
すべてのスパイスカレーはこの手順でできるんです。

しかも本書では、カレーを"もっとおいしく"作るために
各ステップごとにいくつかのポイントをまとめました。
"もっとおいしく切る"ためにどこに気を使うべきか。
"もっとおいしく炒める"ために何をしたらいいのか、
"もっとおいしく煮る"ためにどう工夫するべきなのか。

炒めると煮るの間の最も重要なチェックポイントを
"カレーの素"と名づけて、大きめに写真を掲載しました。
みなさんが作る"カレーの素"と本書の写真を
見比べてもらえたら、もっとおいしく作ることができます。

炒めて煮るだけだからフライパンが使いやすい。
ふたがなくたって、大丈夫なんですよ。

では、早速、スパイスカレーをめぐる冒険を始めましょう。

目次

Chapter 3
もっとおいしく煮る ———————————— 82

本書の使い方

○ 大さじ 1 は 15ml、小さじ 1 は 5ml、1 カップは 200ml です。

○ 材料の分量は、各レシピごとに表示しています。

○ フライパン（鍋）は厚手のものを使用してください。フッ素樹脂加工のものがおすすめです。本書では、直径 24cm のフライパンを使用しています。鍋の大きさや材質によって熱の伝わり方や水分の蒸発の仕方などに差が出ます。

○ 塩は自然塩を使用しています。粗塩の場合、計量スプーンですり切りを計っても塩分濃度が足りない可能性があります。その場合は、最後に味を調整してください。

○ 火加減の目安は、強火が「鍋底に炎が勢いよくあたる程度」、中火が「鍋底に炎がちょうど届く程度」、弱火が「鍋底に炎がギリギリあたらない程度」です。

○「スパイスポークカレー 基本編」（P.12）、「夏野菜のカレー」（P.26）、「レモンチキンカレー」（P.52）、「洋食屋風ビーフカレー」（P.86）では、火加減を以下のように記載しています。

強火：🔥🔥🔥

強めの中火：🔥🔥🔥

中火：🔥🔥

弱火：🔥

○ ふたは、フライパン（鍋）のサイズにピッタリあったもの、できるだけ密閉できるものを使用してください。

○ すべてのレシピに、調理中の最重要チェックポイントである「カレーの素」の写真を掲載しています。レシピ内「✓」の段階で、手元のフライパン（鍋）の中と写真を比較してみてください。

○ 完成写真は、1 〜 2 人前を盛りつけています。

スパイスカレーとは

カレールウもカレー粉も使わないカレーです。
フライパンひとつあればできるから手順がシンプル。
それなのに本格的な味わいに仕上がります。
味や見た目のバリエーションが豊富で、
何よりスパイスの力で素材の味が引き立つのが最大の特徴。
体によくて何度食べても飽きないカレーです。

もっとおいしく作るには？

たとえば、ルウで作るカレーは、ソースのおいしさを追求しています。
インド料理店の味は、油や乳脂肪分をたっぷり使ってコクを演出しています。
それに比べてスパイスカレーの特徴は、素材のおいしさを主役にしている点にあります。
そのため、はじめて作る方の中にはコクや旨味に欠けると感じる方がいるかもしれません。
カロリーの高いアイテムや旨味調味料などに頼ることなく、
もっとおいしいスパイスカレーを作るために大事にしたい
技術上のポイントをひとつだけ伝授しましょう。

それは、**脱水する**ことです。
"1にも2にも脱水が肝心だ"と心がけてください。
これだけでスパイスカレーの味わいは驚くほどグレードアップします。
脱水には大きくわけて2種類があります。

ひとつは、**1：炒めて水分を飛ばす**こと。
スパイスカレーでよく登場する玉ねぎやにんにく、しょうが、トマトなどには
予想以上の水分が含まれています。
これらを炒めるときに"ちょっとやりすぎかな"と思うくらいに
きっちりと水分を飛ばすように心がけてください。そうすることで味が深まります。

ふたつめは、**2：煮詰める**こと。
煮るプロセスでは水やココナッツミルクなど各種水分が入ります。
推奨する分量や煮込み時間はレシピに表記していますが、
調理時の火力や鍋の材質、底面積などによって、水分の飛び方に差が出ます。
味見をしたときに"ちょっと味が薄いかな"と感じたときは、
レシピに表記されている時間よりも少し長めに煮詰めて、味を深めるよう心がけてください。

基本の3スパイス

+

いつもの道具　　　　　　　　いつもの食材

＝

簡単・本格スパイスカレー！

3 スパイス

スパイスカレーに欠かせないトップ3のスパイスたち。
香りづけ、辛味づけ、色味づけという役割をバランスよく兼ね備えています。

ターメリック

香り：△
辛味：×
色 ：◎

「ウコン」の名でおなじみのスパイス。しょうがの仲間でカレー粉の主原料となっています。インドでは最も多くの料理に使われて、料理に限らず、胃腸を整えたり傷口に塗ったりと重宝されています。鮮やかな黄色は、カレーに食欲をそそる色味を加えます。が、入れすぎると苦味が出てしまうので注意。

カイエンペッパー

香り：○
辛味：◎
色 ：○

赤唐辛子の粉。正確には"レッドチリパウダー"といいますが、日本ではカイエンペッパーという名が総称として使われているようです。鮮烈な辛味が特徴。好みに応じて使用する量を増減してください。実は、パプリカに似た芳ばしい香りが隠れた魅力。スパイスカレーをおいしくしてくれます。

クミン

香り：◎
辛味：×
色 ：△

単体で最もカレーを印象づけやすい香りを持つスパイスで、インド料理には欠かせません。丸のままの状態でもよく使われますが、パウダー状のものは特に香りが強く、重宝します。セリ科の一年草で、肉、魚、豆、野菜など、どの食材と組み合わせても相性がいいオールマイティなスパイスです。

3 ステップ

切って、炒めて、煮る。スパイスカレーのステップはいたってシンプル。
それぞれにもっとおいしく作るコツがあります。

もっとおいしく切る

玉ねぎをみじん切りにするか薄切りにするか、にんにく
やしょうがを切るかすりおろすか。切り方によって火の
通り方や水分の出方がずいぶん変わります。また肉の下
準備もスパイスカレーの仕上がりに大きく影響します。
アルコール類で漬け込んだり、スパイスでマリネしたり
することで煮込んだときに味わい深くなります。

もっとおいしく炒める

スパイスカレーは、炒めることでベースの味わいが深ま
ります。肝心なのは脱水。きっちり炒めて素材に含まれ
る水分を飛ばすと油が浮いてきます。この油とスパイス
をなじませる感覚でさらに炒めると予想以上の香りが立
ちます。また、カレーの素をおいしくするために、一緒
に炒めると有効なアイテムもいくつか紹介します。

もっとおいしく煮る

素材に火を通し、そのエキスを抽出するために、煮るプ
ロセスは欠かせません。素材の味わいはカレーの素に含
まれる旨味や香味と調和します。煮るときに意識したい
のは、水分量のコントロール。煮詰める感覚で少しずつ
水分を蒸発させながら味を引き締めていく。濃厚な味に
したければ、煮る時間を少し増やしてください。

基本の道具

特別な道具がなくてもスパイスカレーは作れます。木べらは必須アイテム。
計量に必要なスプーンやカップはあると便利です。

① フライパン

片手で持てるフライパンは炒めやすい。厚手
でフッ素樹脂加工なら焦げにくく、深さもあ
ると煮るのにも適しています。"鍋にも使える
フライパン"や"深めのフライパン"として
売られているものがおすすめです。本書のレ
シピは、すべてこのフライパンです。

② 木べら

炒めるときも煮るときもフライパンの内側を
まんべんなくなぞることができる木べらは、
最も大切な道具です。必ず準備してください。
グリップが厚めのものが持ちやすくて疲れに
くい。へらの先は角が取れて丸みを帯びてい
るタイプが炒めやすいです。

③ 菜ばし

スパイスカレーを作るためには、特になく
ても困らない道具ですが、1組持っていれ
ば、素材の下準備などに重宝します。

④ 計量スプーン

スパイスや油の計量に必要です。すり切りで計るため、浅いより深い方が便利。小さじはティースプーン、大さじはテーブルスプーンで代用可能。

⑤ 計量カップ

水やココナッツミルクなど液体の計量に必要です。慣れてきたら目分量でも構いませんが、はじめはきっちり計量するのをおすすめします。

⑥ 包丁

1本あれば大丈夫ですが、主に野菜を切るのに小さなペティナイフ、肉や魚を切るのに大きな牛刀を使うのがおすすめです。

⑦ まな板

どんなものでもかまいません。丸型だと切った食材をボウルなどに移さず、回転させながら空いた場所で別の食材を切れるので重宝します。

⑧ ボウル

大小あると便利です。切った食材を入れておいたり、肉に下味をつけたりマリネしたりします。ざるがあるとさらに便利。

⑨ おろし金

にんにく、しょうがなどをすりおろすのに使用。両面に刃のあるタイプだと、細かい面でにんにく、粗い面でしょうがなど使い分けが可能。

スパイスポークカレー
基本編

たった3種類のスパイスで、カレーが作れる。
嘘だと思いますか？ 本当なんです。
まずは、この基本のポークカレーに挑戦してください。
スパイスカレーの仕組みが手に取るようにわかるはずです。

材料　4皿分

紅花油 …… 大さじ3
玉ねぎ …… 1個（200g）
にんにく …… 2片（20g）
しょうが …… 2片（20g）
水 …… 100ml
カットトマト …… 200g
　● 基本の3スパイス
　　┌ ターメリック …… 小さじ1/2
　　│ カイエンペッパー …… 小さじ1/2
　　└ クミン …… 大さじ1
塩 …… 小さじ1強
湯 …… 400ml
豚肩ロース肉 …… 600g

<u>1</u> 切る

まずは素材を切りましょう。
下準備を終えた素材を並べたら、実際に調理のスタートです。

玉ねぎをみじん切りにする。
粗みじん切りではないが、
細かくしすぎない程度がよい。

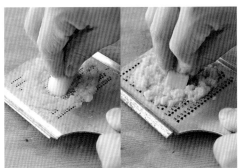

にんにく、しょうがをすりおろす。
おろし金を使う場合は、目の細かい方でにんにくを、
目の粗い方でしょうがをおろすとよい。

100mlの水で溶き、よく混ぜ合わせて
にんにく＆しょうがジュースを作っておく。

豚肉は小さめのひと口大に切る。
脂身が多すぎる場合は適度に切って取り除く。

塩、こしょう（分量外）をふって軽くまぶしておく。

CHECK POINT

☐ 材料をそろえておく

2 炒める

炒めてベースを作りましょう。
油にスパイスの香りを移し、野菜の味を加えて濃縮させる作業です。

※原寸大（直径 24cm）

フライパンに油を入れて中火で熱する。

火加減：🔥🔥

玉ねぎを加えたらざっと混ぜ合わせる。
玉ねぎの表面全体に油がからんでツヤが出てきたら、
木べらでフライパン全体にまんべんなく広げる。

火加減：🔥🔥

強火で玉ねぎの表面を焼きつけるように炒める。
はじめの 4 〜 5 分ほどはなるべく木べらを使わずに放
置。かき混ぜる頻度は最低限にして水分を飛ばす。

火加減：🔥🔥🔥

中火にしてフライパンの中をまんべんなくかき混ぜな
がら、水分を飛ばすよう意識して炒める。

火加減：🔥🔥

中火にしてから炒める時間は 10 分ほど。
全体がこんがりと色づき、みじん切りに
した玉ねぎのふちがこんがりとしている
のが目安。

火加減：🔥🔥

CHECK POINT

☐ しっかり脱水する

にんにく＆しょうがジュースを加え、
フライパンを傾けながら全体を混ぜ合わせる。

火加減：🔥🔥

火を強めて、
青臭い香りが飛んで全体になじむまで炒める。

火加減：🔥🔥🔥

木べらで底をこすっても戻ってこない程度まで水分を飛ばす。

火加減：🔥🔥🔥

トマトを加えて中火にし、
木べらでトマトの形をつぶしながら炒める。

火加減：🔥🔥

全体がねっとりとしたペーストになり、
木べらで底をこすっても戻ってこない
程度まで水分を飛ばす。

火加減：🔥🔥

火を弱めて基本の3スパイスを加える。
ターメリックパウダーを加えて混ぜ合わせる。

火加減：🔥

カイエンペッパーパウダーを加えて混ぜ合わせる。

火加減：🔥

クミンパウダーを加えて混ぜ合わせる。

火加減：🔥

塩を加えて混ぜ合わせる。
あとで塩加減を調整するので、気持ち少なめがよい。

火加減：🔥

基本の3スパイスの粉っぽさが飛び、
フライパンの中の油となじんで全体が
ねっとりとしたペースト状になるまで
炒める。カレーの素の完成。

火加減：🔥

3 煮る

最後のプロセスは「煮る」です。
素材をやわらかくし、その味を抽出して、カレーの素と融合させる作業です。

※原寸大（直径 24cm）

中火にして豚肉を加えて混ぜ合わせる。

火加減：🔥🔥

豚肉の表面がほんのり色づくまで少し時間をかけて全体を混ぜ合わせる。

火加減：🔥🔥

湯を注いで火を強め、煮立てる。

火加減：🔥🔥🔥

弱火にして 30 分ほど煮込む。

火加減：🔥

ときどきフライパンの中をかき混ぜながら、ある程度水分が飛んでとろみが増すまで煮る。

火加減：🔥

CHECK POINT

☐ 煮汁の量ととろみ

もっと
おいしく
切る

切るという行為は、地味で静かな作業です。
火を使う前だから香りも音も出ない。
まだ調理が始まる前だという感覚を持っている人も
多いかもしれません。
でも、切ることから調理はスタートします。
実際には切り方によって火の入り方が変わるし、
味わいにもかなり影響を与えます。
また、野菜や肉を切ること以外に
肉に下味をつけるという手段もあります。
スパイスカレークッキングをよりエキサイティングに、
よりおいしくするための地味な下準備を
おろそかにしてはいけませんよ。

Chapter **1**

もっとおいしく切るポイント

食材を切るという行為は、その後に続く、
炒める、煮るという行為をどう行うかと深く関係します。
強い火で炒めるのか、さっと炒めるのか、長時間煮込むのか……。
スパイスカレーを設計する上で重要な第一歩です。

肉の下準備

肉には事前に下味をつける方法が有効です。
様々な形のマリネが考えられますが、どれも肉そのものの味わいを
より効果的に引き出すためのテクニックです。

肉をたたく

→ チキンキーマカレー（P.30）

ひき肉をさらに細かくたたいてキーマカレーにすると、繊細な食感
が楽しめます。逆にかたまり肉を粗く切れば、肉らしい歯ごたえの
あるキーマカレーができます。

肉をヨーグルトでマリネする

→ バターチキンカレー（P.34）

もともとは肉を保存するために使われた手法のようですが、スパイ
スとよく混ぜてマリネすると肉の味わいが増すだけでなく、肉質を
やわらかくする作用もあります。

肉をワインでマリネする

→ 欧風ビーフカレー（P.38）

肉の下味にアルコール類でマリネする手段はとても有効です。その
代表格がワイン。特に赤ワインはしっかり時間をかけて漬け込むと
肉の中まで風味が残ります。

肉をスパイスでマリネする

→ チキンとピーマンのカレー（P.44）

肉に塩、こしょうをふる代わりにスパイスをまぶすような感覚だと
覚えてください。スパイスの香りが肉に移るため、加熱した後カレー
ソースとよくなじみます。

野菜の下準備

玉ねぎ、にんにく、しょうがなど
スパイスカレーに欠かせない野菜は、
切り方によって加熱の具合いや時間にかなり差が出ます。
作りたいカレーに合わせた下準備を心がけましょう。

玉ねぎを薄切りにする

→ 夏野菜のカレー（P.26）

玉ねぎの食感や味わいをカレーに残しておきたいときには繊維に沿って薄切りにするのがおすすめ。繊維に垂直に薄切りにする場合は、煮たときに溶けやすくなります。

玉ねぎをみじん切りにする

→ オクラのカレー（P.40）

最もスタンダードな玉ねぎの切り方です。細かいみじん切りにするのが一般的です。粗みじん切りにして強めの火で炒めると、甘味とともに香ばしさも加わります。

玉ねぎをすりおろす

→ ミックスシーフードカレー（P.42）

マイナーな手法ですが、カレーの仕上がりにさらりとした独特の舌触りが残って味わい深くなります。ただし、きっちりと水分を飛ばすように炒めた方がいいです。

にんにく、しょうがをみじん切りにする

→ じゃがいもとほうれん草のカレー（P.32）

みじん切りの場合は、通常、玉ねぎよりも先に炒めます。こんがりと炒めても煮込んだ後、にんにくらしさやしょうがらしさがほんのり残るのが特徴です。

にんにく、しょうがをすりおろす

→ ミックスシーフードカレー（P.42）

すりおろしは火が通りやすいので、通常、玉ねぎの後に炒めます。とはいえ、しっかりと加熱しないと独特の青臭さが残るため、全体になじむまで炒めましょう。

夏野菜のカレー

もっとおいしく作るために

小麦粉を使わないで作ったら、カレーソース
の味わいがさらっと仕上がって、野菜のおい
しさが引き立ちそうです。ちょっと手間がか
かりますが、すべての野菜を素揚げしておく
と味がしみてさらにおいしくなります。

材料　4皿分

紅花油 …… 大さじ 3
玉ねぎ …… 1 個
にんにく …… 2 片
しょうが …… 2 片
水 …… 100ml
カットトマト …… 100g

● 基本の 3 スパイス
　┌ ターメリック …… 小さじ 1/2
　│ カイエンペッパー …… 小さじ 1/2
　└ クミン …… 大さじ 1
塩 …… 小さじ 1 と 1/2
小麦粉 …… 大さじ 1

湯 …… 500ml
かぼちゃ …… 1/4 個
赤パプリカ …… 1 個
ズッキーニ …… 1 本

ポイント
玉ねぎを薄切りにすると水分が飛びやすいため、味が深まる。

① 切る

玉ねぎは薄切りにする。にんにく、しょうがはすりおろし、100ml の水を混ぜ合わせておく。かぼちゃ、赤パプリカ、ズッキーニは小さめのひと口大に切る。

② 炒める

フライパンに油を熱し、玉ねぎを加えて炒める。

火加減：🔥🔥🔥

強めの中火でこんがりとキツネ色になるまで 7 〜 8 分ほど炒める。

火加減：🔥🔥🔥

にんにく＆しょうがジュースを加えて火を強めて炒める。

火加減：🔥🔥🔥

野菜の甘味と風味を存分に味わいたいなら夏がいい。野菜は同じサイズに切ると口当たりが優しくなります。

青臭い香りが香ばしい香りに変わり、水分が飛ぶまで炒める。

火加減：🔥🔥🔥

トマトを加えてざっと混ぜ合わせる。

火加減：🔥🔥

木べらでトマトの形をつぶしながら、水分が飛ぶまで炒める。

火加減：🔥🔥

火を弱めて、基本の3スパイスと塩、小麦粉をそれぞれ加えて混ぜ合わせる。

火加減：🔥

カレーの素

カレーの素が完成。スパイスはそれぞれ加えるたびに混ぜ合わせるといい。最後に加える小麦粉は粉っぽさが残らないように、よく全体を混ぜ合わせながら炒める。油分や水分が吸収されてボソッとした仕上がりになるのが目安。

湯を注いで煮立てる。

火加減：🔥🔥

かぼちゃを加える。

火加減：🔥🔥

赤パプリカを加える。

火加減：🔥🔥

ズッキーニを加える。

火加減：🔥🔥

中火で20分ほど野菜がやわらかくなるまで煮る。

火加減：🔥🔥

チキンキーマカレー

にんじんのアチャール ⇒ P.114

もっとおいしく作るために

鶏ひき肉をさらに細かくたたくだなんて、凝ったことをしますね。この食感はとても新鮮だと思います。逆に鶏もも肉を準備し、包丁で粗く切ってひき肉を作る方法もあります。それはそれで食感がまた新鮮。

鶏ひき肉のカレーは口当たりも味わいも軽くて食べやすい。にんじんと香菜は風味に奥深さを出す大事なアイテムです。

材料　4皿分

紅花油 …… 大さじ3
にんにく …… 2片
しょうが …… 2片
玉ねぎ …… 1個
カットトマト …… 100g
● 基本の3スパイス
　┌ ターメリック …… 小さじ1/2
　│ カイエンペッパー …… 小さじ1
　└ クミン …… 大さじ1
塩 …… 小さじ1強
にんじん …… 1本
鶏ひき肉 …… 400g
カシューナッツ …… 50g
湯 …… 100ml
香菜 …… 1束

ポイント
鶏ひき肉をたたいて細かくするとパラッとした舌触りが生まれる。

作り方

❶ 鶏ひき肉は包丁でたたく。

❷ にんにく、しょうが、玉ねぎ、にんじんは、みじん切りにする。香菜はざく切りにする。カシューナッツは砕く。

❸ フライパンに油を熱し、にんにく、しょうがを加えて色づくまで炒める。

❹ 玉ねぎを加えてキツネ色になるまで炒める。

❺ トマトを加えて水分が飛ぶまで炒め、カシューナッツを炒める。

❻ 基本の3スパイスと塩を加えて炒める。✓

❼ 湯を注いで煮立て、①の鶏ひき肉を加えてなじませる。

❽ にんじんを加えてときどき混ぜながら中火で10分ほど煮る。

❾ 火を強め、5分ほど煮て、水分がなくなってきたら香菜を混ぜ合わせて炒める。

切る

炒める

煮る

カレーの素

玉ねぎ、にんにく、しょうがはすべてみじん切りのため、食感と風味がある程度残る。トマトの水分はきっちり飛ばすが、炒めたカシューナッツは形が残っているから少しポロポロした状態になる。

じゃがいもとほうれん草のカレー

もっとおいしく作るために

じゃがいもはもっと小さめに切ってもいいか
もしれません。カレーソースのなじみがよく
なります。ほうれん草は、半分をフードプロ
セッサー、残り半分をミキサーにかけるのが
好き。でも、さすがに面倒か。

材料　　4皿分

紅花油 …… 大さじ 3
にんにく …… 3片
しょうが …… 2片
玉ねぎ …… 1個
カットトマト …… 200g
● 基本の 3 スパイス
ターメリック …… 小さじ 1/4
カイエンペッパー …… 小さじ 1/2
クミン …… 大さじ 1
塩 …… 小さじ 1 強
湯 …… 300ml
じゃがいも …… 2個
ほうれん草 …… 2束
生クリーム …… 50ml

ポイント
にんにく、しょうがをみじん切りにすると、口の中で香りがはじける。

作り方

1 にんにく、しょうが、玉ねぎはみじん切りにする。じゃがいもはひと口大に切る。

2 ほうれん草は、ざく切りにして塩ゆでし、ざるに上げて粗熱を取り、フードプロセッサーでピューレにする。

3 フライパンに油を熱し、にんにくとしょうがを加えて色づくまで炒める。

4 玉ねぎを加えてキツネ色になるまで炒める。

5 トマトを加えて水分が飛ぶまで炒める。

6 基本の 3 スパイスと塩を加えて混ぜ合わせ、炒める。✓

7 湯を注いで煮立て、じゃがいもを加えて中火で 15 分ほど火が通るまで煮る。

8 ほうれん草ピューレを加えて煮る。

9 生クリームを加えて混ぜ合わせる。

切る

炒める

煮る

カレーの素

みじん切りのにんにくの量が通常のカレーよりも多めだが、最初に油でこんがりと色づくまで炒めるとカレーの素に香ばしい風味を生んでくれる。全体的に強めの火で香ばしさを立てながら炒めるイメージ。

バターチキンカレー

じゃがいものサブジ ⇒ P.114

もっとおいしく作るために

マリネに使うケチャップは確かにおいしいアイテムですが、旨味調味料が入っているものが多いのが気になるところ。トマトペースト（6倍濃縮など）としょうがのすりおろし、塩で代用するのがおすすめ。

材料　　4皿分

バター …… 30g

鶏もも肉 …… 400g

マリネ

　┌ プレーンヨーグルト …… 100g

　│ おろしにんにく …… 小さじ1

　│ ケチャップ …… 大さじ2

　└ はちみつ …… 大さじ2

● 基本の3スパイス

　┌ ターメリック …… 小さじ1/2

　│ カイエンペッパー …… 小さじ1/2

　└ クミン …… 大さじ1

しょうが …… 2片

青唐辛子（あれば）…… 2本

カットトマト …… 300g

ブロッコリー …… 1房

生クリーム …… 200ml

ポイント

ヨーグルトでマリネすると肉がやわらかくなり、
風味も加わる。

作り方

❶ マリネ液の材料と基本の3スパイスをボウルに加えてよく混ぜておく。鶏もも肉はひと口大に切り、塩、こしょう（分量外）をふって、マリネ液に加えてもみこんで2時間ほど（できればひと晩）置く。

❷ しょうがと青唐辛子はみじん切りにする。

❸ ブロッコリーは小房にわけてゆでておく。

切る

❹ フライパンにバターを溶かし、しょうがと青唐辛子を加えて炒める。

❺ トマトを加えて水分を飛ばすように炒める。

❻ 鶏肉をマリネ液ごと加えて水分を飛ばすように炒める。✓

炒める

❼ ブロッコリーを加えてざっと混ぜ合わせる。

❽ 生クリームを加えてさっと煮る。

煮る

カレーの素

マリネした鶏肉をマリネ液ごと炒めるところでカレーの素が完成する、ちょっとイレギュラーなタイプ。トマトの量が多いが、鶏肉を入れる手前でトマトの水分をきっちり飛ばせているかどうかが成功の鍵となる。

ビーフキーマカレー

じゃがいものアチャール ⇒ P.114

もっとおいしく作るために

赤ワインはもっと入れていいかもしれません。
100mlくらい。小麦粉を使わずに、仕上げに
ほんの少量だけ市販のカレールウをけずって
加えるのもありです。なじみ深い味わいとス
パイスの刺激のバランスがよくなります。

材料　4皿分

紅花油 …… 大さじ2
にんにく …… 1片
しょうが …… 1片
玉ねぎ …… 1個
バター …… 15g
● 基本の3スパイス
　　ターメリック …… 小さじ1/2
　　カイエンペッパー …… 小さじ1/2
　　クミン …… 大さじ1
小麦粉 …… 大さじ1
塩 …… 小さじ1強
湯 …… 200ml
アプリコットジャム …… 大さじ2
牛肉 …… 400g
ブラウンマッシュルーム …… 大6個
赤ワイン …… 50ml
ミニトマト …… 10個
グリーンピース …… 100g

ポイント
肉を粗みじんに切ると、肉の歯ごたえを楽しめ、
ジューシーさが増す。

作り方

❶ 玉ねぎ、にんにく、しょうがはみじん切りにする。

❷ 牛肉は粗めに切って塩、こしょう（分量外）をふる。ブラウンマッシュルームは小さく刻む。ミニトマトは1/4サイズに切る。

❸ フライパンに油を中火で熱し、にんにく、しょうがを加えて炒める。

❹ 玉ねぎを加えてほんのり色づくまで炒める。

❺ バターを加えて溶かし混ぜ、基本の3スパイスと塩を混ぜ合せ、小麦粉を加えて炒める。✓

❻ 牛肉とブラウンマッシュルームを加えて、肉の表面が色づくまで炒める。

❼ 赤ワインを加えてアルコール分を飛ばすように炒める。

❽ 湯を注いで煮立て、アプリコットジャムを加えて混ぜ合わせる。弱火で20分ほど煮詰める。

❾ グリーンピースとミニトマトを加えてさっと煮る。

切る

炒める

煮る

食べごたえのあるひき肉のカレー。牛肉の旨味が強く出るので、トマトの酸味でバランスを取ります。

カレーの素

玉ねぎをほんのり色づくまで炒めたところでバターを加えるのがこのカレーの素のポイント。こうすることで、その後に加えて炒める小麦粉が全体になじみやすい。しっかり炒めて粉っぽさが残ることを防ぐ。

欧風ビーフカレー

にんじんといんげんのグラッセ ⇒ P.115

もっとおいしく作るために

肉を加える手前、小麦粉を加えて炒め終わった段階で粗熱を取ってミキサーでペーストにする。空いた鍋に少量の油（分量外）を加えて牛肉の表面を焼き付け、ペーストを戻した後はレシピ通りに。ホテルの味になります。

材　料　　4皿分

牛ばら肉 …… 600g

マリネ

- にんじん …… 60g
- にんにく …… 1片
- セロリ …… 10cm
- 赤ワイン …… 300ml

紅花油 …… 大さじ2

玉ねぎ …… 1個

バター …… 15g

カットトマト …… 50g

● 基本の3スパイス

- ターメリック …… 小さじ1/2
- カイエンペッパー …… 小さじ1/2
- クミン …… 大さじ1

塩 …… 小さじ1強

小麦粉 …… 大さじ1

湯 …… 500ml

チョコレート …… 5g

ブルーベリージャム …… 小さじ1

ポイント
牛肉をワインで漬け込むと、牛肉の中にワインの
風味が閉じ込められる。

作り方

❶ 牛肉を大きめのブロックに切る。玉ね
ぎ、にんじん、セロリはみじん切りにする。
にんにくはつぶす。

❷ マリネ用材料をすべてボウルで混ぜ、
牛肉を漬け込んで2時間ほど（できれば
ひと晩）冷蔵する。

❸ フライパンに油を熱し、玉ねぎを加え
てキツネ色になるまで炒める。

❹ バターとマリネした野菜を加えて炒め
る。マリネ液全量を少しずつ加えながら水
分を飛ばすように炒める。

❺ トマトを加えて炒める。

❻ 火を弱めて基本の3スパイスと塩を混
ぜ合わせ、小麦粉を加えて炒める。✓

❼ 肉を加えて表面全体が色づくまで炒め
る。

❽ 湯を注いで煮立て、ブルーベリージャ
ムとチョコレートを混ぜ合わせる。

❾ 弱火で2時間ほど煮込む。

切る

炒める

煮る

カレーの素

マリネ液に使った野菜は、しっ
かり炒めて原型がわからなくな
るくらいまで形をつぶす。赤ワ
インのアルコール分を飛ばすと
カレーの素に深い色味が残る。
水分が飛んで表面に油が浮いた
らスパイスを加えるといい。

オクラのカレー

チャイ ⇒ P.115

もっとおいしく作るために

徹底的にオクラを味わうカレーにするのもあり。オクラを 50 〜 60 本と増やし、縦半分に切ってから素揚げにします。からっとさせたオクラをレシピ通りのタイミングで加えてください。インド感が増します。

材料　4皿分

紅花油 …… 大さじ 3
玉ねぎ …… 1 個
にんにく …… 2 片
しょうが …… 2 片
水 …… 100ml
カットトマト …… 200g
● 基本の 3 スパイス
　┌ ターメリック …… 小さじ 1/2
　│ カイエンペッパー …… 小さじ 1/2
　└ クミン …… 大さじ 1
塩 …… 小さじ 1 強
湯 …… 200ml
オクラ …… 40 本

ポイント

玉ねぎを粗みじん切りにして強火で炒めると、香ばしさと甘味が生まれる。

作り方

❶ 玉ねぎは粗みじん切りにする。にんにく、しょうがはすりおろして 100ml の水と混ぜ合わせておく。　　切る

❷ オクラは 1cm 幅に切る。

❸ フライパンに油を熱し、玉ねぎを加えて強火でこんがりするまで炒める。　　炒める

❹ ①のにんにく＆しょうがジュースを加えて水分が飛ぶまで炒める。

❺ トマトを加えて水分が飛ぶまで炒める。

❻ 基本の 3 スパイスと塩を混ぜ合わせて炒める。✓

❼ 湯を注いで煮立て、オクラを加えてオクラがしんなりして、全体にとろみがつくまで煮る。　　煮る

ムニュムニュ、とろっとした食感を存分に楽しめるカレーです。オクラはクタッとするまで煮てください。

カレーの素

にんにく、しょうがはすりおろしているのでしっかり炒めれば深い味わいになる。玉ねぎがこんがりした後は、新しい材料を入れるたびにそこに含まれる水分をしっかり飛ばしてねっとりした仕上がりを目指す。

ミックスシーフードカレー

ブリのスパイシーフライ ⇒ P.115

もっとおいしく作るために

スモークサーモンの燻した香りはいいですね。火を止めてから混ぜ合わせた方がより香りを楽しめそう。いかはせっかくならまるごと準備して下処理をし、ぶつ切りにしてワタも一緒に加えるとさらに風味アップ。

材料　4皿分

紅花油 …… 大さじ 3
玉ねぎ …… 1個
にんにく …… 1片
しょうが …… 1片
カットトマト …… 100g
● 基本の 3 スパイス
　ターメリック …… 小さじ 1/2
　カイエンペッパー …… 小さじ 1/2
　クミン …… 大さじ 1
塩 …… 小さじ 1 強
粒マスタード …… 大さじ 1
湯 …… 400ml
スモークサーモン (切り身) …… 150g
いかゲソ …… 4本 (150g)
ホタテ貝柱 …… 100g

ポイント
玉ねぎをすりおろすと、さらっとした優しい舌触りのカレーになる。

作り方

❶ 玉ねぎ、にんにく、しょうがはすりおろす。

❷ スモークサーモンはひと口大に切り、いかゲソとホタテ貝柱は半分に切る。

切る

❸ フライパンに油を熱し、玉ねぎをキツネ色になるまで炒める。

❹ にんにく、しょうがを加えて炒める。

❺ トマトを加えて炒める。

❻ 基本の 3 スパイスと塩を加えて炒め、粒マスタードを加えて炒める。 ✓

炒める

❼ 湯を注いで煮立て、スモークサーモン、いかゲソ、ホタテ貝柱を加えて火が通るまで煮る。

煮る

どんな魚介類を具にしても相性がいいカレーです。魚介類は、最後に加えて煮込みすぎないのが鉄則。

カレーの素

玉ねぎはこんがりと明るいキツネ色になるまで炒める。にんにく、しょうがを炒め、トマトの水分が飛ぶまで炒めてからスパイスを加える。ターメリックの黄色とカイエンペッパーの赤色が混ざって明るい色味に。

チキンとピーマンのカレー

オレンジラッシー ⇒ P.116

もっとおいしく作るために

ピーマンを加えるタイミングは好みによって
変えても構いません。レシピ通りに加えれば
ピーマンの香りがカレーソース全体になじみ
ますが、完成5分前など後半に加えればフレ
ッシュな香りを楽しめます。

材料　4皿分

紅花油 …… 大さじ 3

鶏もも肉 …… 600g

● 基本の 3 スパイス

┌ ターメリック …… 小さじ 1/2
│ カイエンペッパー …… 小さじ 1/2
└ クミン …… 大さじ 1

塩 …… 小さじ 1 強

玉ねぎ …… 2 個

にんにく …… 2 片

しょうが …… 2 片

水 …… 100ml

湯 …… 200ml

ピーマン …… 4 個

ポイント

スパイスでマリネすると鶏もも肉にしっかりとスパイスの香りがつく。

作り方

❶ 鶏もも肉はひと口大に切り、塩、こしょう（分量外）をふって基本の 3 スパイスと塩を混ぜ合わせてもみ込んでおく。

❷ 玉ねぎは乱切り、にんにく、しょうがはすりおろして 100ml の水に溶いておく。

❸ ピーマンは乱切りにする。

❹ フライパンに油を熱し、玉ねぎを加えてしんなりするまで炒める。

❺ にんにく＆しょうがジュースを加えて水分が飛ぶまで炒める。

❻ スパイスをもみ込んだ鶏肉を加えて表面が色づくまで炒める。✓

❼ 湯を注いで煮立て、中火で 10 分ほど煮る。

❽ ピーマンを加えて 15 分ほど煮詰める。

切る

炒める

煮る

カレーの素

基本のスパイスは鶏肉にまぶされているため、鶏肉を炒めるところでカレーの素が完成する。トマトは具として煮込むが炒めるプロセスでは入らないため、カレーの素の仕上がりは、黄色っぽさが残る。

「挽きたて」という言葉を聞いて真っ先に思い浮かぶのは、コーヒーだろうか。僕はコーヒーが好きで、自分で淹れるための電動ミルを買ったのは、大学を卒業してすぐだった。デロンギというイタリアのメーカーのもので、なんでも形から入るタイプだった僕は、「デロンギ」という名前や見た目の格好よさに惹かれた。いくらだったか覚えてないが、覚悟のいる値段だったことは間違いない。

コーヒー屋さんで豆を買ってきて、ザラザラザラとミルに入れる。目盛を調整すると粗挽きから細挽きまで自由に挽き方をコントロールできる。つまみをまわすとミルが回転し、ガリガリガリという音とともにパウダー状になったコーヒーの豆が落ちてくる。備え付けの透明ケースを引き出すと、香り高い粉が現れた。「挽きたて」というやつだ。

挽きたてのコーヒーを自分で淹れる楽しみは知っていたのに、どういうわけか挽きたてのスパイスの魅力については考えたことがなかった。教えてくれる人がいなかったんだから無理もない。コーヒー屋さんで豆を買うときは、「豆のままですか？ ここで挽きますか？」などと尋ねられる。そのうち「コーヒーが好きなら自分で挽いたほうがおいしいです

よ」とアドバイスももらえるわけだが、スパイスはそうもいかない。

そもそもスパイス屋さんというものがほとんどないし、スーパーのスパイス棚にはものを言わないスパイスの瓶がずらりと並んでいるだけ。ご丁寧なことにほとんどのスパイスがパウダー状で売られているわけだから、自分で挽こうなどとは思いもつかなかったのだ。

そんなある日、僕は洋書のレシピ本を見ながらインドカレーを作ろうとして、見慣れないスパイスの名前に出会った。「ローストクミンパウダー」。別のページを参照してみると、作り方が書いてある。クミンシードをフライパンで乾煎りして、ミルで挽く。なるほど！ 僕は早速挑戦してみることにした。

クミンシードは手元にある。油を使わずにサラサラとクミンをフライパンに入れて煎る。香ばしい香りが立ち上った。こんがりし始めたところで火を止め、余熱でもう少し火を入れる。これを挽けば出来上がりだ。僕は自慢のコーヒーミルを準備して、サラサラサラと煎りたてのクミンを入れた。

カリカリカリと音がしてパウダー状になったクミンが落ちてくる。透明ケースを引き出した途端、香ばしい香りが立ち上った。うおおお、すごい！ 僕

スパイスをめぐる冒険 ①

パウダースパイスを
ケチってはいけないと思ったのだ

はホールスパイスを煎ってから挽いてパウダースパイスにすることの威力をこのとき生まれて初めて体感したのだ。興奮した僕は挽きたてクミンをさらに堪能しようとケースに鼻を突っ込んだ。

　すると、「あれれ？」。何やらおかしな香りがするのだ。そう、コーヒーの香りである。それもそのはず、普段コーヒーを挽いているミルだから刃にもケースにもコーヒーの粉がしっかり残っている。それがクミンと混ざり合うわけだから、コーヒーフレーバーのクミンパウダーが出来上がるというわけ。

　これには参った。ローストクミンパウダーはカレーの仕上げに混ぜ合わせるとあったが、実際に混ぜ合わせてみたらカレーがほんのりとコーヒー味に。災難はそれだけではなかった。食後にコーヒーを、と豆をミルで挽くと今度はクミンフレーバーのコーヒーパウダーが出てきた。当然、飲んだコーヒーにはほんのりとクミンの香りが……。

　僕は悩んだ。コーヒーとスパイスはひとつのミルで挽くことはできない。それなら、コーヒーを諦めるか、スパイスを諦めるか……。無理無理。どっちも好きなんだからそう簡単に諦められるはずがない。背に腹は代えられないとは、このことを言うのだろうか。僕は意を決して電気屋さんに向かった。

　デロンギのコーヒーミルをもう１台買うことにしたのだ。自宅に戻り、僕は新しいミルを古いミルの横に並べて置いた。同じミルを２台並べて所有する人が世の中にはどのくらいいるのだろうか。二度と同じ過ちを繰り返さないために、油性マジックで左のミルのケースに「coffee」、右のケースに「spice」と書いた。

　スパイス専用ミルを手に入れた僕は、スパイス挽きに精を出した。出来上がったパウダースパイスはいつもよりも気持ち多めにカレーに加える。すると、カレーの味が格段においしくなった。粉状のスパイスはホールスパイスよりも香りやとろみを強くする。ケチケチせずに思い切って加えればハッキリと主張のあるカレーが出来上がることを僕は電動ミルに教えてもらったのだ。以来、２台のミルは10年以上経った今も我が家に仲良く並んでいる。

もっと
おいしく
炒める

カレーは煮込み料理だと思っていませんか？
それはちがいます。
カレーは、炒めて煮る、"炒め煮"料理なんです。
特にスパイスカレーを作るときには、
炒めるというプロセスが大事ですし、
炒めている時間も必然的に長くなります。
玉ねぎ、にんにく、しょうが、トマト……。
炒める食材の水分を飛ばし、味を濃厚にして、
ベースができたところでさらにスパイスを炒める。
スパイスは炒めることによって
その持ち味がイキイキと発揮されるのです。
炒めるという作業は決してあなたを裏切りません。

Chapter **2**

もっとおいしく炒めるポイント

炒める行為の目的は、香りを立て、味を濃縮させることです。
何を炒めるか、どういう香りや味わいを作りたいのかによって
最適な加熱の方法が導き出されます。
カレーの素の出来は炒め方によって決まると考えてください。

玉ねぎや
スパイスを
炒める

玉ねぎは炒めることによって
脱水をし、香ばしさと
甘味が引き立ちます。
時間をかければかけるほど
その味わいは濃縮されます。
はじめのスパイスは、
火の通り方のちがいによって
投入するタイミングが変わります。

玉ねぎをあめ色に炒める

→ なすのブラックカレー（P.56）

あめ色に炒めるのは難しくはありません。強
火で炒めはじめ、少しずつ火を弱めていく。
木べらを動かす手もだんだん忙しくなりま
す。「脱水」が合言葉です。

玉ねぎに水を加えて炒める

→ レモンチキンカレー（P.52）

短時間で玉ねぎに火を通したいとき、はじめ
から終わりまでずっと強い火で炒めます。途
中、焦げそうになってきたら少量の水を加え
ると予想以上に加熱が進みます。

スパイスを炒める A
（カルダモン / クローブ / シナモン）

→ 鶏手羽元の煮込みカレー（P.58）

カルダモンは殻の内側にたくさん入っている
種に香りがあります。そのため、ぷくっとふ
くれて割れ目が入るまで炒めると煮たときに
香りが出やすくなります。

スパイスを炒める B
（フェヌグリーク / フェンネル）

→ ビストロ風えびカレー（P.60）

フェヌグリークは、硬くて火の通りにくいス
パイスです。フェンネルよりも少し早めに入
れると甘い香りが抽出されます。ただし、苦
味も出るので量は控えめに。

スパイスを炒める C
（マスタードシード / クミンシード）

→ カリフラワーのカレー（P.66）

マスタードシードを炒めるときは、パチパチ
とはぜるまで加熱するのがコツ。まっ黒く
なっても大丈夫。クミンシードは火が通りや
すいのであとで加えます。

カレーの素を炒める

カレーの素は、スパイスカレーの性格を決定づけます。
トマトを炒めて旨味を加えるのが
オーソドックスな手法ですが、
それ以外に味わいのちがう様々な素材を
炒めることによって個性的なカレーの素を生み出せます。

マッシュルームを炒める

→ 牛肉とマッシュルームのカレー（P.62）

マッシュルームのペーストを炒めるのは聞いたことのない方法かもしれませんが、しっかり炒めればコクと風味が増します。欧風系のカレーには特におすすめです。

タイカレーペーストを炒める

→ タイ風グリーンカレー（P.64）

タイカレーペーストは、市販のものを使うよりもフレッシュのハーブや野菜を自分でペーストにして炒めた方が抜群においしくなります。辛さの加減も自由自在。

ヨーグルトを炒める

→ かぶと鶏団子のカレー（P.70）

トマトの代わりにヨーグルトを加えて炒める方法はインド料理ではメジャーです。コクと酸味が加わり、すっきりした味わいになります。トマトと併用もOKです。

ココナッツペーストを炒める

→ ミルキー野菜カレー（P.72）

ココナッツファインやココナッツロングが手に入ったらぜひ試してもらいたい手法。ココナッツミルクで煮るよりも、ココナッツペーストを炒めたほうが香ばしい風味が加わります。

ひき肉を炒める

→ 麻婆カレー（P.74）

カレーの素に動物性のコクを加えたいときに効果的な方法です。ひき肉は、完全に火が通るまでしっかり炒めると油脂とともに旨味が抽出され、濃厚な味になります。

レモンチキンカレー

52

もっとおいしく作るために

すっきりしたレモンの酸味が全体の味わいを
引き締めます。レモンの皮は加熱時間が長い
と苦味が出る場合もあるため、ピーラーなど
でむいてもいいかもしれません。仕上げに果
汁だけをしぼり入れる方法もいいですね。

材料　4皿分

紅花油 …… 大さじ 3
● はじめのスパイス
　┌ 赤唐辛子 …… 2本
　└ クミンシード …… 小さじ 1
にんにく …… 2片
しょうが …… 2片
香菜の根 …… 2束分
玉ねぎ …… 1個

カットトマト …… 200g
● 基本の3スパイス
　┌ ターメリック …… 小さじ 1/2
　├ カイエンペッパー …… 小さじ 1/2
　└ コリアンダー …… 小さじ 2
塩 …… 小さじ 1強
湯 …… 500ml
鶏もも肉 …… 500g

じゃがいも …… 大1個
レモン …… 1個
はちみつ …… 大さじ 1
● 仕上げのスパイス
　　香菜 …… 2束

① 切る

玉ねぎは粗みじん切りにする。にんにく、しょうがはみじん切りにする。

じゃがいもは8等分に切る。香菜は根をみじん切りにし、その他をざく切りにする。レモンは1cm幅の輪切りにし、種を取っておく。鶏もも肉はひと口大に切り、塩、こしょう（分量外）をふっておく。

② 炒める

フライパンに油を中火で熱し、赤唐辛子を炒める。赤唐辛子の香りが立って、黒くなったらクミンシードを加えて香りが立つまで炒める。

火加減：🔥🔥

にんにく、しょうが、香菜の根を加えて炒め、玉ねぎを加えて強火でこんがりするまで炒める。

火加減：🔥🔥🔥

煮込んだレモンの風味はチキンカレーをおいしくしてくれます。でも煮込みすぎると苦味が出てしまうので注意。

強火で全体がこんがり色づくまで 7 〜 8 分ほど
炒める。

火加減：🔥🔥🔥

玉ねぎの表面が焦げそうになったら大さじ 3
ほどの水（分量外）を加えて全体になじませる。

火加減：🔥🔥🔥

トマトを加えて中火でざっと混ぜ合わせるように
炒める。

火加減：🔥🔥

火を弱め、基本の 3 スパイスと塩を混ぜ合わせて
30 秒ほど炒める。

火加減：🔥

カレーの素

玉ねぎを強火で炒めて表面をこ
んがりと色づかせ、焦げそうに
なったら水を加えるやり方をす
ると、あめ色に近い深みのある
色がつく。トマトの水分が飛ん
でスパイスが混ざった状態は濃
い茶色のカレーの素となる。

湯を注いで煮立てる。

火加減：🔥🔥

鶏肉を加えてざっと混ぜ合わせ、煮立てる。

火加減：🔥🔥

じゃがいもを加えてざっと混ぜ合わせて煮立て、
中火で 10 分ほど煮る。

火加減：🔥🔥

レモンとはちみつを加えてさらに弱火で 5 分ほ
ど煮る。

火加減：🔥

香菜を混ぜ合わせる。

火加減：🔥

なすのブラックカレー

キーマそぼろ ⇒ P.116

もっとおいしく作るために

カレーの素をどこまで濃い色に仕上げられる
かに挑戦してください。カットトマトはあら
かじめミキサーでピューレにしておくか、形
がつぶれやすく旨味も強いホールトマトを手
でつぶして使うとよりおいしくなります。

材料　4皿分

紅花油 …… 大さじ3
玉ねぎ …… 2個
にんにく …… 1と1/2片
しょうが …… 2片
カットトマト …… 100g
● 基本の3スパイス
  ┌ ターメリック …… 小さじ1/4
  │ カイエンペッパー …… 小さじ1
  └ クミン …… 大さじ1
塩 …… 小さじ1弱
黒すりごま …… 小さじ1
しょう油（減塩）…… 15ml
チキンブイヨン …… 400ml
牛ひき肉 …… 200g
なす …… 小10本
● 仕上げのスパイス
  細ねぎ …… 1/2束

ポイント
玉ねぎを濃く色づくまで根気よく炒めると深い色
と味わいになる。

作り方

❶ 玉ねぎは薄切り、にんにくとしょうが
はすりおろす。　　　　　　　　　　切る

❷ なすは2cm幅の輪切りにして素揚げに
する。細ねぎはみじん切りにする。

❸ フライパンに油を熱し、玉ねぎを加え
て中火であめ色になるまで炒める。　炒める

❹ にんにく、しょうがを加えて水分が飛ぶ
まで炒める。

❺ トマトを加えて水分を飛ばすように炒
める。

❻ 基本の3スパイスと塩を加え、香ばし
い香りが立つまでしっかり炒める。✓

❼ 黒すりごまとしょう油とチキンブイヨ
ンを加えて煮立てる。　　　　　　　煮る

❽ 牛ひき肉を加えて弱火で10分ほど煮
て、なすを混ぜ合わせて5分ほど煮る。

❾ 細ねぎを加えてさっと煮る。

たっぷりの玉ねぎをしっかり炒めて旨味を増幅。ひき肉の肉汁をなすがほどよく吸い込んで味がまとまります。

カレーの素

玉ねぎをあめ色に炒めるコツは、
はじめは強めの中火であまり木
べらを動かさずに水分を飛ばし、
徐々に火を弱めていって、最終
的には弱めの中火で木べらをこ
まめに動かすことでまんべんな
く火を入れていく。

鶏手羽元の煮込みカレー

もっとおいしく作るために

ちょっと難易度が高いかもしれませんが、玉ねぎをくし形切りにして蒸し煮〜蒸し焼きにする方法も。100mlほどの水を加えてふたをして強火でグツグツ。ふたをあけて水分を飛ばすように炒めると甘味が強まります。

材料　4皿分

紅花油 …… 大さじ 4
● はじめのスパイス
  ┌ カルダモン …… 6 粒
  │ クローブ …… 6 粒
  └ シナモン …… 5㎝
玉ねぎ …… 2 個（400g）
にんにく …… 1 片
しょうが …… 1 片
鶏手羽元 …… 700g
マリネ
  ┌ プレーンヨーグルト …… 200g
  │ 塩こうじ …… 大さじ 1
  │ ターメリックパウダー …… 小さじ 1/4
  └ クミンパウダー …… 小さじ 1
塩 …… 小さじ 1 弱
生クリーム …… 200ml

ポイント
カルダモン、クローブ、シナモンを炒めると肉と
相性がいい。

作り方

❶ 玉ねぎは薄切り、にんにくとしょうが
はすりおろす。

切る

❷ ボウルに鶏肉とマリネ用の材料と塩を
加えてもみ込み、冷蔵庫で 2 時間ほど（で
きればひと晩）置いておく。

❸ フライパンに油を熱し、はじめのスパ
イスを加え、色づいて香りが立つまで炒める。

炒める

❹ 玉ねぎを加えてキツネ色になるまで炒
め、にんにくとしょうがを加えて炒める。✓

❺ 火を弱めて②をマリネ液ごとすべて加
えて混ぜ合わせ、煮立てる。半量の生クリ
ームを加えてふたをし、ごく弱火で 30 分
ほど煮込み、ふたをあけて 30 分ほど煮込む。

煮る

❻ 残りの生クリームを混ぜ合わせてひと
煮立ちさせる。

スパイスの香りがやわらかく漂うチキンカレー。優しい色味をしていますが、意外と食べごたえはあります。

カレーの素

薄切りにした玉ねぎは薄めのキ
ツネ色になるまで炒めるのがい
い。ターメリックパウダーやク
ミンパウダーはマリネに使って
いるのでカレーの素には入らな
い。そのため、明るい色味のと
ろっとした素が出来上がる。

ビストロ風えびカレー

もっとおいしく作るために

旨味たっぷりのカレーですね。すっきり目に
仕上げたければ、粉チーズや砂糖は使わなく
てもいいかもしれません。その代わり、もし、
有頭えびが手に入ったら頭も使いましょう。
だしの旨味が倍増します。

材料　4皿分

オリーブ油 …… 大さじ3

● はじめのスパイス
 フェヌグリーク（あれば）…… ふたつまみ
 フェンネル …… 小さじ1

玉ねぎ …… 100g（1/2個）

にんにく …… 1片

しょうが …… 1片

にんじん …… 1/2本

セロリ …… 10cm

カットトマト …… 200g

● 基本の3スパイス
 ターメリック …… 小さじ1/2
 カイエンペッパー …… 小さじ1
 コリアンダー …… 大さじ1

塩 …… 小さじ1と1/2

粒マスタード …… 大さじ1

白ワイン …… 100ml

湯 …… 600ml

生クリーム …… 50ml

粉チーズ …… 大さじ1

砂糖 …… 大さじ1

大正えび …… 15尾（あれば有頭）

アスパラガス …… 8本

作り方

❶ 玉ねぎ、にんにく、しょうが、にんじん、セロリは細かくみじん切りにしておく。 *切る*

❷ 大正えびの背に切り込みを入れ、背ワタを取り除く。頭は4尾分ざっと洗って魚焼きの網で焼いておく。アスパラガスは固い部分の皮をむいて4等分にする。

❸ フライパンに油を熱し、はじめのスパイスを加えて炒める。 *炒める*

❹ 玉ねぎ、にんにく、しょうが、にんじん、セロリを加えてこんがりするまで炒める。カットトマトを加え、水分が飛ぶまで炒める。

❺ 基本の3スパイスと塩を加えてよく混ぜ合わせる。✓

❻ 粒マスタードと白ワインを加えてアルコール分を飛ばし、えびの頭を加える。

❼ 湯を注いで20分ほど煮る。ざるでしぼるように濾してソースだけを戻す。 *煮る*

❽ 生クリーム、砂糖、粉チーズを加えて、混ぜ合わせる。

❾ えびとアスパラガスを加えてアスパラガスに火が通るまで煮る。

ポイント
フェヌグリークとフェンネルを炒めると魚介類と相性がいい。

カレーの素

玉ねぎと香味野菜を炒めるときは、全体の量が多いため、中火で15分ほど根気よく炒めるのがコツ。にんじんやセロリの形が崩れ、玉ねぎとなじんだ状態を目指す。白ワインのアルコール分はしっかり飛ばす。

牛肉とマッシュルームのカレー

スパイシーポテトサラダ ⇒ P.116

もっとおいしく作るために

たとえば牛ばら肉をかたまりの状態で使ったりすると、さらに豪華な味わいになります。その場合、できれば、別の鍋でやわらかくなるまで1時間ほど煮込み、煮汁を湯の代わりに加えるイメージ。まあ、さすがに大変ですね。

材料　　4皿分

オリーブ油 …… 大さじ3
● はじめのスパイス
　┌ カルダモン …… 5粒
　│ クローブ …… 5粒
　└ シナモン …… 1本
玉ねぎ …… 2個
にんにく …… 1片
しょうが …… 1片
ブラウンマッシュルーム …… 10個
● 基本の3スパイス
　┌ ターメリック …… 小さじ1/4
　│ カイエンペッパー …… 小さじ1/2
　└ クミン …… 大さじ1
塩 …… 小さじ1
はちみつ …… 大さじ1
ウスターソース …… 小さじ1
小麦粉 …… 大さじ1
湯 …… 400ml
牛スライス肉 …… 300g
● 仕上げのスパイス
　　パセリ …… 1枝

作り方

❶ 玉ねぎは薄切りにする。にんにく、しょうがはすりおろす。

❷ ブラウンマッシュルームは4個をすりおろし、残りを薄切りにする。

❸ 牛肉は塩、こしょう（分量外）をふっておく。パセリは葉の部分をみじん切りにする。

❹ フライパンに油を熱し、はじめのスパイスを加えて炒める。

❺ 玉ねぎを加えて濃い茶色になるまで炒める。

❻ にんにく、しょうがを加えて炒め、すりおろしたマッシュルームを加えて炒める。

❼ 基本の3スパイスと塩を加えて炒め、ウスターソースを加えて混ぜ合わせ、小麦粉を加えて炒める。✓

❽ 湯を注いで煮立て、はちみつと薄切りのマッシュルームを加えて弱火で15分ほど煮る。

❾ 牛肉を加えて中火にして火が通るまで5分ほど煮て、パセリを混ぜ合わせてさらに5分ほど煮る。

ポイント
マッシュルームを炒めるとコクと風味が強まる。

カレーの素

マッシュルームのペーストは、加熱が足りないとカレーの素となじまないため、炒めた玉ねぎとよく混ぜながら強めの中火でしっかり水分を飛ばすよう意識して炒めるといい。小麦粉を加えたらよく混ぜながら炒める。

薄切り玉ねぎに薄切り肉と薄切りマッシュルーム。薄切りづくしで優しい食感なのに深みのある味わいのカレーです。

タイ風グリーンカレー

もっとおいしく作るために

まいたけやマッシュルームなどきのこを主体
とした変わり種のタイカレーですが、思い切
って鶏もも肉をメインにし、好みの野菜と一
緒に煮る形にアレンジも可能。このカレーソ
ースなら具はなんでもいけます。

材料　4皿分

○ グリーンカレーペースト
- 青唐辛子 …… 15本
- 小玉ねぎ …… 2個
- にんにく …… 2片
- しょうが …… 2片
- 香菜 …… 2束
- スウィートバジル …… 10枚
- クミンパウダー …… 小さじ1
- いかの塩辛 …… 小さじ2

紅花油 …… 大さじ3
ココナッツミルク …… 400ml
湯 …… 100ml
まいたけ …… 3パック
ブラウンマッシュルーム …… 5個
こぶみかんの葉 …… 6枚
ナンプラー …… 大さじ3
砂糖 …… 大さじ1
● 仕上げのスパイス
　スウィートバジル …… 10枚

作り方

❶ カレーペーストの材料をミキサーにすべて入れ、ペーストにする。

❷ まいたけは小房にわけ、ブラウンマッシュルームはスライスにする。

❸ フライパンに油を熱する。

❹ カレーペーストを加えて香ばしい香りが立つまで炒める。✓

❺ ココナッツミルクと湯を注いで煮る。

❻ まいたけ、ブラウンマッシュルーム、砂糖、ナンプラー、こぶみかんの葉を加えて火が通るまで煮る。

❼ スウィートバジルを混ぜ合わせてさっと煮る。

切る

炒める

煮る

ポイント
スウィートバジルなどのフレッシュスパイスを炒めると爽やかな風味が生まれる。

カレーの素

グリーンカレーペーストの炒め加減が仕上がりの味わいを左右する。炒め方が足りないと青臭い香りが残るが、炒めすぎるとフレッシュな香りが損なわれる。水分が飛んで緑色がにごり始めたあたりが目安。

自家製ペーストで作るグリーンカレー。フレッシュな味わいを一度体験してしまうとやめられなくなります。

カリフラワーのカレー

もっとおいしく作るために

カリフラワーをキーマカレーのような食感に
仕上げるのも味わい深いです。その場合は、
小房にわけるときにさらに細かく切っておき
ましょう。ココナッツミルクを加えるタイミ
ングは少し遅めにすると風味アップ。

材料　4皿分

紅花油 …… 大さじ3
● はじめのスパイス
　┌ マスタードシード …… 小さじ1
　└ クミンシード …… 小さじ1
にんにく …… 2片
しょうが …… 2片
玉ねぎ …… 1/2個
カットトマト …… 100g
● 基本のスパイス
　┌ ターメリック …… 小さじ1/2
　└ カイエンペッパー …… 小さじ1/2
塩 …… 小さじ1強
湯 …… 300ml
ココナッツミルク …… 200ml
カリフラワー …… 1房

ポイント
マスタードシードとクミンシードを炒めると野菜と相性がいい。

作り方

❶ にんにく、しょうがはみじん切り、玉ねぎは薄切りにする。 ｜切る

❷ カリフラワーは小房にわける。

❸ フライパンに油を熱し、マスタードシードを加えて炒める。 ｜炒める

❹ パチパチと音がし始めたら、クミンシードを加えて濃く色づくまで炒める。

❺ にんにく、しょうがを加えてこんがりするまで炒め、玉ねぎを加えてしんなりするまで炒める。

❻ トマトを加えて水分を飛ばすように炒める。

❼ 基本のスパイスと塩を加えて炒める。 ✓

❽ 湯を注いで煮立て、ココナッツミルクとカリフラワーを加えて弱めの中火で30分ほど煮る。 ｜煮る

具はカリフラワーのみという潔いカレー。カリフラワーはしっかりやわらかくなるまで煮込むことで味が強まります。

カレーの素

マスタードシードは加熱が進むとはねるので、場合によってはフライパンを傾けて油を1か所に溜めるとはねにくい。薄切りの玉ねぎはあまり炒めすぎず、形や食感が残っている程度がいい。トマトの水分は飛ばす。

鶏手羽中とキャベツのカレー

鶏手羽先のスパイシー揚げ ⇒ P.116

もっとおいしく作るために

煮込み方を変えてみるのもおすすめ。湯を注いで煮立ったらふたをして中火で30分間、グツグツと煮る。その後、ふたをあけて火を少し強め、水分を飛ばして煮詰めるようにすると、より濃厚な味わいになります。

骨がはずれる直前まで煮込んだ鶏肉はホロホロ。キャベツはトロトロ。煮詰めて味を凝縮した、ごはんが進むカレーです。

材料　4皿分

紅花油 …… 大さじ3
● はじめのスパイス
　　クミンシード …… 小さじ1/2
玉ねぎ …… 1個
にんにく …… 1片
しょうが …… 1片
セロリ …… 1/2本
カットトマト …… 100g
プレーンヨーグルト …… 100g
● 基本の3スパイス
　　ターメリック …… 小さじ1/2
　　カイエンペッパー …… 小さじ1/2
　　コリアンダー …… 大さじ1
塩 …… 小さじ1強
湯 …… 400ml
マンゴーチャツネ …… 大さじ1
鶏手羽中 …… 4本
キャベツ …… 1/4個

ポイント
すりおろしたセロリを炒めると味に深みが増す。

作り方

❶ 玉ねぎはみじん切りにする。

❷ にんにく、しょうが、セロリはすりおろす。

❸ キャベツはざく切りにする。

切る

❹ フライパンに油を熱し、クミンシードを加えて炒める。

❺ 玉ねぎを加えてキツネ色になるまで炒める。

❻ にんにく、しょうがを加えて炒め、さらにセロリを加えて炒める。

❼ トマトを加えて炒め、プレーンヨーグルトを加えて炒める。

❽ 基本の3スパイスと塩を加えて炒める。✓

炒める

❾ 湯を注いで煮立て、マンゴーチャツネ、鶏手羽中、キャベツを加えて、60分ほど適宜、木べらでかき混ぜながら煮る。

煮る

カレーの素

にんにく、しょうが、セロリはすりおろしているため、炒めるときは水分を飛ばすことを意識する。青臭さが飛び、風味が全体になじむ。トマトの水分はきっちり飛ばすがヨーグルトはさっと混ぜ合わせる程度。

かぶと鶏団子のカレー

もっとおいしく作るために

鶏団子を改良してみましょうか。少量のクミンシードを乾煎りして混ぜ合わせるとプチプチした食感が生まれます。小麦粉はなくてもよくこねて火加減を弱めてやさしく煮ればふわっとした口当たりに仕上がって新鮮です。

煮崩れる寸前まで煮込んだかぶのとろりとした食感と、食べごたえのある鶏団子とのマッチングを楽しむカレーです。

材料　4皿分

紅花油 …… 大さじ3
● はじめのスパイス
　┌ マスタードシード …… 小さじ1/2
　└ クミンシード …… 小さじ1
にんにく …… 2片
玉ねぎ …… 1個
● 基本の3スパイス
　┌ ターメリック …… 小さじ1/2
　│ カイエンペッパー …… 小さじ1/2
　└ コリアンダー …… 小さじ1
塩 …… 小さじ1強
ヨーグルト …… 200g
湯 …… 500ml
鶏団子
　┌ 鶏ひき肉 …… 400g.
　│ 溶き卵 …… 1個
　│ 小麦粉 …… 小さじ2
　│ しょうが汁 …… 小さじ2
　└ 塩 …… 小さじ1/4
かぶ …… 4個
生クリーム …… 100ml

作り方

❶ 鶏団子の材料をボウルに入れてよく混ぜておく。

❷ にんにくはみじん切り、玉ねぎは薄切りにする。

❸ かぶは厚めに皮をむく。

切る

❹ フライパンに油を熱し、マスタードシードを加えて炒める。

❺ パチパチと音がし始めたらクミンシードを加えて炒める。

❻ にんにくを加えてこんがりするまで炒め、玉ねぎを加えてしんなりするまで炒める。

炒める

❼ 基本の3スパイスと塩を加えて炒め、ヨーグルトを混ぜ合わせる。✓

❽ 湯を注いで煮立て、鶏団子とかぶを加えて強めの中火で20分ほど煮る。

❾ 生クリームを加えてさっと煮る。

煮る

ポイント
ヨーグルトを混ぜ合わせるように炒めると旨味と酸味が加わる。

カレーの素

仕上がりのカレーの色を濃く鮮やかな黄色にしたいため、玉ねぎの炒め加減はしんなりする程度にとどめ、色をつけない。その分、にんにくをこんがりするまで炒めることで香ばしい風味を加えたい。

ミルキー野菜カレー

ラムチョップ焼き ⇒ P.116

もっとおいしく作るために

玉ねぎとにんじん、じゃがいもはオーソドックスな日本のカレー的組み合わせですが、具は他のものでもいいかもしれません。たとえば、カリフラワーと大根など。ほんの少し鶏ひき肉を加えたりして。かぼちゃもいいですね。

とろみの効いたソースが特徴の野菜カレー。まろやかなおいしさが口の中にゆっくりと広がっていきます。

材料　4皿分

紅花油 …… 大さじ3
● はじめのスパイス
　┌ マスタードシード …… 小さじ1/2
　└ クミンシード …… 小さじ1
ココナッツペースト
　┌ プレーンヨーグルト …… 100g
　│ 玉ねぎ …… 1/2個
　│ カシューナッツ …… 10g
　│ ココナッツロング …… 10g
　│ にんにく …… 1片
　└ しょうが …… 1片
● 基本のスパイス
　┌ ターメリック …… 小さじ1
　└ カイエンペッパー …… 小さじ1/2
塩 …… 小さじ1強
牛乳 …… 400ml
玉ねぎ …… 1と1/2個
にんじん …… 1本
じゃがいも …… 2個

ポイント
ココナッツペーストを炒めると濃厚かつなめらかになる。

作り方

❶ ペースト用の玉ねぎはざく切りにし、残りの玉ねぎはくし形切りにする。にんじんとじゃがいもは乱切りにする。　**切る**

❷ カシューナッツとココナッツロングを乾煎りする。ペーストのすべての材料を牛乳とともにミキサーでペーストにする。

❸ フライパンに油を熱し、マスタードシードを加えてふたをして炒める。パチパチとはじける音がおさまったら、ふたをとってクミンシードを加えて炒める。　**炒める**

❹ ココナッツペーストを加えて炒める。水分が飛び、表面にうっすら油が浮いてくるまで。

❺ 基本のスパイス、塩を加えて炒める。✓

❻ 牛乳を加えて煮る。　**煮る**

❼ くし形に切った玉ねぎ、にんじん、じゃがいもを加えて、ふたをしないで弱めの中火で30分ほど煮る。

カレーの素

ココナッツペーストを炒めるのが最大の特徴。にんにく、しょうが、たまねぎがペースト状で入っているため、しっかり火を通すことで、青臭い香りを飛ばすよう意識する。キツネ色がカレーの素の仕上がりの目安。

麻婆カレー

鶏唐揚げのスパイス炒め ⇒ P.116

もっとおいしく作るために

豆板醤の香りは予想するよりも強く、「これっ
てカレー？ 麻婆豆腐？」という仕上がりにな
りがち。スパイスを思い切って増やしてみま
しょう。大さじ1程度のコリアンダーを追加。
あればガラムマサラを加えても。

材料　　4皿分

紅花油 …… 大さじ 2
にんにく …… 2 片
玉ねぎ …… 1/2 個
豚ひき肉 …… 150g
● 基本の 3 スパイス
　　ターメリック …… 小さじ 1/2
　　カイエンペッパー …… 小さじ 1/2
　　クミン …… 大さじ 1
塩 …… 少々
豆板醤 …… 大さじ 1
チキンブイヨン …… 200ml
木綿豆腐 …… 1 丁（400g）
細ねぎ …… 10 本
日本酒 …… 大さじ 1
水溶き片栗粉
　　…… 大さじ 2 〜 3（同量の水で溶く）

ポイント
ひき肉をしっかり炒めてカレーの素を作ると旨味
が増幅。

作り方

❶ 豆腐は 2cm 角に切り、塩少々（分量外）
を加えた湯に 1 〜 2 分ほどひたしておく。

❷ にんにく、玉ねぎはみじん切りにする。
細ねぎは 1cm 幅に切る。

❸ フライパンに油を熱し、にんにくと玉
ねぎを加えてこんがりするまで炒める。

❹ 豚ひき肉を入れて、中火でほぐすよう
にしっかりと炒める。

❺ 基本の 3 スパイスと塩、豆板醤を加え
て炒める。✓

❻ チキンブイヨンを加えて煮立て、豆腐
を加えて煮る。

❼ 酒と細ねぎを加えて煮て、水溶き片栗
粉でとろみをつける。

切る

炒める

煮る

麻婆豆腐とスパイスカレーが合体。見た目は麻婆豆腐なのに口に運べばスパイスの風味が漂う不思議なカレーです。

カレーの素

炒めた豚ひき肉の旨味がカレー
の素に加わるのが特徴。ひき肉
を加えたら中まで火を通すくら
いの意識できっちり炒めて脂分
を抽出するとスパイスがなじみ
やすい。豆板醤を加えてからは
さっと炒める程度にする。

スパイスカレーのルール

スパイスカレーの基本的な調理プロセスは、
「切る」→「炒める」→「煮る」の3ステップです。
これに対し、「はじめのスパイス」、「基本のスパイス」、「仕上げのスパイス」の
投入タイミングは以下のようになります。
これさえ覚えておけば、スパイスカレーのルールはバッチリです！

スパイスカレーができるまで

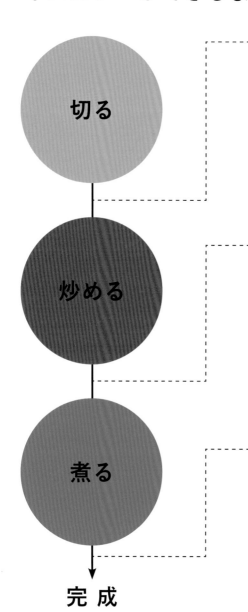

はじめのスパイス

玉ねぎやにんにく、しょうがなどの前に炒めるスパイスと覚えてください。ホールスパイスと呼ばれる、乾燥していて粉状に挽いていない丸のままのスパイスを使うことが多いです。油に香りや辛味を移したら、それがじわじわと煮込みの終わりまで穏やかに香りを出し続けてくれます。一度に複数の"はじめのスパイス"を使う場合は、それぞれの形状や熱の通り方がちがうため、ものによっては、タイミングを少し変えたりしたほうが効果的です。

基本のスパイス

基本のスパイスを使うタイミングは、料理の中間です。ここで加えるスパイスがカレーの香りの中心となります。基本的には乾燥したスパイスを粉状に挽いたもの（パウダースパイス）を使います。色づけのターメリック、色と香り、辛味のすべてをつけるカイエンペッパーは、スパイスカレーを作る上で重要なスパイストップ2です。では、第3位のスパイスはなんでしょうか。クミンとコリアンダーです。どちらも香りの強い大事なスパイスです。

仕上げのスパイス

煮込みの後半、料理の仕上げのタイミングで加えることでカレーに重層的な香りを加えます。火が通りやすく短時間で香りの出るフレッシュなスパイスが主に使われ、香りの強いハーブや野菜なども同様の効果をもたらします。丸のままのスパイス（ホールスパイス）では十分に火が通らず、粉状のスパイス（パウダースパイス）では粉っぽさが残るため、これらを加えたいときには別のフライパンなどに熱した油で炒めてから加える手法を用います。

加熱した油で丸のままのスパイスを炒めよう

丸のままのスパイスをはじめに炒める理由は、火が通りにくいからです。
加熱をすることでスパイスは香りを出しますが、そのスパイスがどのような形や大きさなのか、
硬いのかやわらかいのかなどによって加熱するタイミングが変わります。
はじめのスパイスは料理の最後までやわらかく香りを出し続けてくれます。

	相性	特徴	適性	使用分量の目安
クミンシード フェンネルシード	野菜 豆 魚介類	炒めてすぐに 香りが立つ	短時間で 仕上がる調理	1人前あたり およそ 小さじ1/4程度
カルダモン クローブ シナモン	肉類全般	煮込み時に 香りが ジワジワ出る	長時間かかる 料理	1人前あたり およそ1粒 （シナモンは1〜2cm）
赤唐辛子 マスタードシード	料理全般	刺激的な辛味と ともに 香ばしい香りも持つ	すべての料理	好みの辛さに 応じて

生のスパイスを細かく切って混ぜ合わせよう

生のスパイスを仕上げに加える理由は、火が通りやすいからです。
乾燥したスパイスとは違って短時間で鮮烈に香りの印象を残してくれます。
仕上げに混ぜ合わせてから加熱する時間が短ければ香りは強く残り、
長ければ徐々にやわらかくなっていきます。
ほかに油で炒めた丸のままのスパイスを加える手法もあります。

	特徴	適性	相性	使用タイミング
香菜 / ピーマン ししとう にら / 細ねぎ	爽やかな 香りを生む	こってりコクの あるカレー	肉類全般	仕上がりの 少し手前 盛りつけ後
青唐辛子 しょうが	鮮烈な辛味と 香りが加わる	まろやかで マイルドなカレー	乳製品 肉類全般	仕上がりの 少し手前 炒める途中 盛りつけ後
テンパリング	香ばしい 香りが際立つ	シンプルな 味わいのカレー	豆 野菜 魚介類	仕上がり直前

スパイス図鑑

スパイスカレー上達の第一歩は、スパイスをよく知ることです。
作ろうとしているカレーに使われるスパイスが、どんな形や色をしているのか、
香りの特徴はどうなのか、辛味はあるのかどうか。
それらの情報が頭に入っているとスパイスカレー作りが楽しくなります。
それもそのはず、何を入れたらカレーがどうなるのか、
仕上がりの予測がある程度つくようになるわけですから。
スパイスを知ることはとっても大事なことなんです。
本書で使われているスパイスをまとめて解説します。
名前と特徴が頭の中でリンクするまで繰り返し眺めてみてください。

はじめのスパイス

クミンシード

インド料理に欠かせないスパイス。セリ科の一年草で、強烈な香りを持っています。油と炒めるとすぐに香りが立つため、煮込まないで短時間で仕上げる野菜や豆、魚介類のカレーとの相性がいい。

カルダモン

爽やかな強い香りを持つ高価なスパイスです。殻よりも中身の種に香りがあるため、油でプクッと膨らませてから煮込むと、割れた部分から香りが溶け出します。長時間煮込む肉料理に適しています。

クローブ

漢方薬に似た奥深い香りがあります。花のつぼみを乾燥させているため形がユニーク。カレーに奥行きのある風味を生みますが、使いすぎると苦味が出てしまうので要注意。ガラムマサラにも使われます。

シナモン

スイーツや紅茶に使われているように、甘味を引き立てる香りを持っています。クスノキ科の常緑樹の皮をはがして乾燥させたもの。カルダモンやクローブと合わせて肉料理に使うケースが多いです。

マスタードシード

やわらかい辛味を持ったスパイス。火が通りにくいため、ほかのホールスパイスよりも先に油で炒めることが多いです。香ばしさとポリポリした食感が印象的で、油と炒めて仕上げのスパイスとしても使います。

フェンネルシード

インド料理店で食後に砂糖をコーティングした状態で出されるスパイスで、すっと爽やかな香りがします。主に魚介のカレーと相性がいいですが、野菜カレーに使っても味わいを深めてくれます。

フェヌグリークシード

インドではメティと呼ばれている植物の硬い種の部分。しっかり加熱すると甘い香りが生まれる。ただし、使用する量は、ほかのスパイスと比べてかなり少な目でいい。使いすぎると苦味が強く出るので注意。

赤唐辛子

日本では"鷹の爪"が有名。丸のままで使う場合は、油でまっ黒く焦げるくらいまで炒めると豊かな香りが立ちます。中の種の部分に辛味が強いため、辛さを抑えて香りを出したい場合は種を取って使うといい。

基本のスパイス

ターメリック

インド料理で最も登場頻度の多いスパイスです。ほとんどすべての料理に使われていると言っていいほど。鮮やかな黄色は、カレーに食欲をそそる色味を加えます。が、入れすぎると苦味が出てしまうので注意。

カイエンペッパー

赤唐辛子の粉。鮮烈な辛味が特徴。好みに応じて使用する量を増減してください。実は、パプリカに似た芳ばしい香りが隠れた魅力。スパイスによって辛味の度合がちがうため、味見をしてから量を決めるのがいい。

クミン

単体で最もカレーを印象づけやすい香りを持つスパイスで、インド料理には欠かせません。パウダー状のものは特に香りが強く、重宝します。肉、魚、豆、野菜など、どの食材と組み合わせても相性がいいスパイスです。

コリアンダー

香菜の種を乾燥させたスパイス。セリ科ならではの爽やかな香りがあります。煮込むとカレーにとろみをつけるのも特徴のひとつ。"調和のスパイス"と呼ばれ、個性豊かなスパイスのバランスを取る役割も果たします。

仕上げのスパイス

香菜

さっぱりした香りをカレーに加えます。苦手な人は加えてからの加熱時間を増やしてください。クセが和らいで全体になじみます。

青唐辛子

辛味だけでなく爽やかで奥深い香りがあります。玉ねぎと一緒に炒めると、カレーの味わいをレベルアップしてくれます。

ピーマン

大きく切れば具になるし、小さく切ればスパイスになります。なじみ深く、穏やかな香りはカレーの味方です。

ししとう

輪切りにして加えるのがオーソドックスな使い方ですが、切り込みを入れて煮てもいい香りが加わります。

ニラ

ニラはカレーに合うスパイスです。強い香りは、肉料理の仕上げに適しています。深い緑色で彩りもきれいに。

細ねぎ

ねぎ類は全般的に仕上げのスパイスに使えます。長ねぎやあさつきなどもそれぞれに個性があって効果的。

しょうが

千切りにして仕上げに混ぜ合わせたり、しぼり汁を加えたりします。鋭い香りが味を引き締めてくれます。

テンパリング

熱した油でスパイスを炒め、香りが立ったところで煮込んでいるカレーに加える方法。ざっと混ぜ合わせて力強い香りを演出。

スパイスカレーを食べていると、ガリッと何かをかみつぶすことがある。たいていの場合、それはホールのカルダモンである。薄い緑色をした硬い殻に覆われたこのスパイスは、中にある黒い種の部分に鮮烈な香りを宿している。それは、殻の外から匂ってもスーッとどこか遠くに連れて行ってくれそうなほど爽やかな香りがして、特に肉のカレーを抜群においしくしてくれる大事なスパイスだ。基本的にホールのカルダモンは、はじめのスパイスとして油で炒め、そのあと長時間煮込んでカレーが完成するまでずっと鍋の中にいてもらわないと困る存在だ。時間をかけてジワジワと中の種から香りが出て、最終的にカレー全体をやわらかく爽やかな香りで包み込む。

1人前のカレーに1粒か2粒あれば十分なほど個性の強いスパイスだから、ガリッとやってしまったときのインパクトはかなりのものだ。奥歯に挟まれたカルダモンは、つぶされたことへの怒りを全身で表現する。爽やかを通り越した強烈な刺激を僕の脳にグサリと刺し、ペッと吐き出した後も口の中に不必要な余韻をしばらく残すのだ。

これを知人のインド料理シェフは、「カルダモン爆弾」と名付けて忌み嫌っているが、確かに衝撃は計り知れない。なにより誤ってカルダモンをかんでしまったという後悔の念は、やり場がなくて困って

しまう。僕自身、好きなスパイスではあるが、あの瞬間だけは嫌いになってしまいそうになる。

快適なカレーライフを送るためにはカルダモンと徹底的に戦わなければならない。あるときから僕はそう考えるようになった。最後の"ガリッ"をやらずに済むために、ありとあらゆる方法を考え始めたのである。

まず真っ先に考えたのは、ティーバッグに入れて煮込むという方法だ。好きなだけ煮込んで最後に取り出してポイッと捨てればいい。ブーケガルニにはそういった商品もあるわけだから、カルダモンバッグがあってもよさそうだ。ところが、このやり方だと油で炒めて香りを出すという点を諦めなくてはならない。

では、はじめに油で炒めて香りを移してから取り出せばいいかというとそうもいかない。カルダモンは油で炒めたときに殻が破れる。そこから煮込みも含めて時間をかけながらじわじわと香りを外に出していくからだ。

油で炒めて香りを出した上でカルダモンを取り除き、別の鍋に水と一緒に入れて長時間煮るという方法はどうだろう。メインの鍋でカレーを作るときに水を加えるかわりにこのカルダモンウォーターをざるで濾しながら加えるわけである。そうすれば、カルダモンの香りはそれなりに出る。かなりの名案だったが、スパイスカレーは思いのほか炒めるプロセスが長い。玉ねぎやトマトを炒めている間、カルダモンは、ぜひそこにいてほしい。

殻を割って種を取り出して使うことも試みたが、それでは"ガリッ"とやる回数が増えるだけだった。あの手この手を尽くしたがついに八方ふさがりである。僕は破れかぶれになって、完成したカレーの鍋からカルダモンを一粒ずつ取り出すという最も原始的な方法にたどり着いた。右手に菜ばしを構え、左

スパイスをめぐる冒険 ②
ホールスパイスと戦ってはいけないと思ったのだ

手の木べらで鍋中をグルグルとかき混ぜながら鍋の中を覗き込む。

　優雅に泳ぐように逃げるカルダモン、雲隠れしたまま一向に姿が見えないカルダモン、正体を現したかと思った瞬間、菜ばしをスルリとかわし、あざけるかのように姿をくらましていくカルダモン。息を止めて目を凝らしているとまもなくクラクラとめまいを覚え始めた。いったい僕は何をやってるんだろう……。計り知れない虚しさだけが頭に残った。

　最終的に僕は、バカみたいな結論を導き出した。「しょうがない、諦めることにしよう」。カルダモンはときどきガリッとしてしまうスパイスなのだ。ガリッとしてしまったら強烈な刺激を味わうことになるスパイスなのだ。そこから逃れることはできない。それを排除することもできない。カルダモンには戦いを挑んではならないのである。

　僕がたどりついたこの"正解"は、クローブやシナモン、丸のままの唐辛子などにも共通して言えることだ。ホールスパイスには最初から最後まで鍋の中にいてもらいたい。だからうまく付き合っていくしかない。「嫌なところもあるけれど、これはこれで憎めないやつなんだよ」。これが僕のホールスパイス観である。なぁんだ、人間どうしの付き合いと同じじゃないか。僕はカルダモンと戦った結果、人生を歩む上での大事な教訓を手にすることができた。

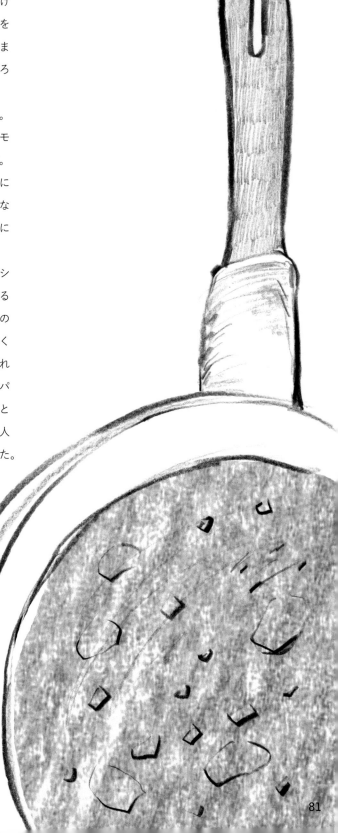

もっと
おいしく
煮る

煮るという作業はとても簡単です。
弱火や中火など、火加減を決めたら
あとは放っておけばいいわけですから……。
時間が解決してくれる。
時間が経てば、素材の味わいは抽出され、
煮汁の中で融合し、おいしさを生んでくれます。
煮るという作業にはちょっと気遣いが必要です。
水分や具などを加えたらひと煮立ちさせること。
煮加減を確認しながら、適宜水分を足したり、
長めに加熱して煮詰めたり、
ときには木べらで優しくかき混ぜたり……。
あとは"火"がカレーをおいしくしてくれますよ。

Chapter **3**

もっとおいしく煮るポイント

煮るというプロセスは、スパイスカレーの最終段階にあたります。
フライパンの中で調理してきたさまざまな素材やスパイスの味わいを
ここでひとつに融合させる大切な作業。
どう煮るか、何と煮るかがポイントです。

煮込みテクニック

スパイスカレーは、煮込めば煮込むほどおいしくなる
というものではありません。素材にどのように火を通したいかによって
煮込み方はいろいろと変わってきます。水分コントロールも大切です。

ふたをあけて煮る

→ 洋食屋風ビーフカレー（P.86）

スパイスカレーを煮るときには基本的にふたをあけて煮てください。
雑味を逃がすことができ、蒸気が抜けて味が深まります。煮汁の加
減を見られるのも利点です。

じっくり煮詰める

→ 豚スペアリブのカレー（P.90）

長い時間煮ると煮汁の水分が蒸気とともに外に出ていくため、全体
の量が徐々に減っていきます。これが煮詰まった状態で、ソースの
味が具に絡んで濃厚になります。

骨つき肉を煮込む

→ ラムカレー（P.94）

骨つき肉を長い時間煮込むと、肉からだしが出てソース（スープ）
がよりおいしくなります。骨がほろっと外れるギリギリまで煮込む
のが理想的な煮込み方です。

煮込みすぎない

→ カジキマグロのカレー（P.98）

魚介類系の素材がメインのスパイスカレーを作るときは、具を煮込
みすぎないのが鉄則です。中まで火が通ればOK。煮込みすぎると
臭みが出てしまいます。

煮込みアイテム

水を加えて煮るのがオーソドックスな方法ですが、
そこに別のアイテムを加えることで
味わいを膨らませることができます。
煮込む素材との相性を考慮した上で
いくつかの方法をご紹介します。

ジャムを加えて煮る

→ ジャパニーズカレー（P.92）

ジャムは煮込みに使うかくし味の王道です。マンゴーチャツネが有名。ブルーベリーやアプリコットなどは特徴のある風味が出ておすすめ。はちみつでもOKです。

白ワインを加えて煮る

→ 豚肉ときのこの白ワインカレー（P.96）

白ワインを煮る場合、多めの量を前半に加えてじんわり風味を移すか、少量を煮込みの後半に加えてさっと風味を効かせるか、どちらかのパターンがおすすめです。

牛乳を加えて煮る

→ ミックス野菜カレー（P.102）

乳製品特有のまろやかなコクがカレーに加わります。水分の全量を牛乳にするのでなく、一部を牛乳に変えるだけでもマイルドでクリーミーな味わいは生まれます。

ココナッツミルクを加えて煮る

→ タイ風イエローカレー（P.104）

ココナッツミルクは、タイカレーだけでなくインドカレーでもよく使われます。ふくよかな風味に加えて油の旨味が加わることにより、ぐっとおいしくなるのです。

ブイヨンを加えて煮る

→ ポトフ風スープカレー（P.106）

本来は水で素材を煮ることで味わいが抽出されるところですが、ブイヨンのようなだしの旨味の強いアイテムをさらに加えて煮れば、おいしさは倍増します。

洋食屋風ビーフカレー

ほうれん草のソテー ⇒ P.117

もっとおいしく作るために

カレーの素になるペーストの材料としてにんじんとりんごが入るのが特徴。どちらもキッチリ炒めて火を通すと旨味が凝縮されます。それができれば、牛乳やバターなどの乳製品のコクはなくても大丈夫かも。

材料　　4皿分

紅花油 …… 大さじ2　　○ ペースト
玉ねぎ …… 1個

┌ にんにく …… 2片
│ しょうが …… 2片
│ にんじん …… 1/2本
│ りんご …… 1/2個
│ ココナッツファイン …… 15g
│ カットトマト …… 100g
└ 白ワイン …… 50ml

● 基本の3スパイス

┌ ターメリック …… 小さじ1/2
│ カイエンペッパー …… 小さじ1/2
└ クミン …… 大さじ1

塩 …… 小さじ1弱
チキンブイヨン …… 500ml
牛乳 …… 100ml
フォンドボー …… 30g
マンゴーチャツネ …… 大さじ1
牛肉（カレー用） …… 600g
バター …… 15g

オーソドックスだけれど誰もが好きなビーフカレー。スパイス3種で作ったとは思えない味わいに仕上がります。

① 切る

ペーストの材料をすべてミキサーでペーストにする。

牛肉は大きめのひと口大に切り、塩、こしょう（分量外）をふっておく。

玉ねぎはみじん切りにする。

② 炒める

フライパンに油を中火で熱し、玉ねぎを加えてあめ色になるまで炒める。

火加減：🔥🔥

ペーストを加える。

火加減：🔥🔥

フライパンの中をまんべんなく混ぜ合わせる。

火加減：🔥🔥

水分がきっちり飛び、色が深まるまで炒める。

火加減：🔥🔥

火を弱めて基本の3スパイスと
塩を加えて炒める。

火加減：🔥

カレーの素

野菜のペーストを炒めるのがこのカレーの素の特徴だが、全体の水分が飛んでねっとりするまで炒める。何が入っているのか見た目では判別がつかないくらい、全体的に形がつぶれて色が深まっている状態を目指す。

チキンブイヨンを加えて煮立てる。

火加減：🔥🔥

牛乳、フォンドボーを加えて煮立てる。

火加減：🔥🔥

マンゴーチャツネと牛肉を加えて煮立てる。

火加減：🔥🔥

ふたをあけたまま弱火で1時間ほど煮込む。

火加減：🔥

バターを溶かし混ぜる。

火加減：🔥

豚スペアリブのカレー

菜の花のスパイス炒め ⇒ P.117

もっとおいしく作るために

豚スペアリブはサイズによっては60分も煮込まなくても大丈夫です。別の鍋でくたっとやわらかくなるまで煮る方法もあります。その場合は、カレーの素に豚スペアリブと煮汁200ml程度を加えて煮詰めてください。

材 料　　4皿分

ごま油 …… 大さじ2

● はじめのスパイス

> カルダモン …… 5粒
> クローブ …… 5粒
> シナモン …… 5cm

玉ねぎ …… 1/2個

にんにく …… 1片

しょうが …… 1片

水 …… 100ml

● 基本の3スパイス

> ターメリック …… 小さじ1/4
> カイエンペッパー …… 小さじ1/2
> クミン …… 大さじ1

塩 …… 小さじ1/2

砂糖 …… 大さじ2

しょう油 …… 小さじ1

紹興酒 …… 大さじ2

湯 …… 400ml

豚スペアリブ …… 650g

香菜（ざく切り）…… 適量

ポイント
豚のスペアリブをじっくり煮込むと骨からいいだ
しが出る。

作り方

❶ 玉ねぎは薄切りにする。にんにく、しょうがはすりおろし、100mlの水に溶いておく。

❷ 豚スペアリブには塩、こしょう（分量外）をふっておく。

❸ フライパンに油を熱し、はじめのスパイスを加えて炒める。

❹ カルダモンがぷくっとしてきたら、玉ねぎを加えてキツネ色になるまで炒める。

❺ ①のにんにく＆しょうがジュースを加えて水分を飛ばすように炒める。

❻ 基本の3スパイスと塩、しょう油、砂糖、紹興酒を加えて炒める。✓

❼ 湯を注いで煮立て、豚スペアリブを加える。

❽ 中火で60分ほど煮て香菜を混ぜ合わせ、火を強めて3分ほど煮詰める

切る

炒める

煮る

カレーの素

薄切り玉ねぎの量は1/2個と少なめなので、火が強すぎると焦げやすいが、中火で炒めれば7〜8分でキツネ色になる。しょう油を加えてからは焦げやすいので、ざっと混ぜ合わせて水分を飛ばす程度にする。

ごはんが止まらなくなるポークカレー。強めの火で煮詰めていくと豚肉らしい脂と旨味がにじみ出てきます。

ジャパニーズカレー

もっとおいしく作るために

豚肩ロース肉の食感を少し残して楽しむカレーですが、たとえば豚ばら肉の角切りに変えて煮込み時間を長めにすると、甘い油脂分の旨味が強まった、インパクトあるカレーになります。お好みで牛ばら肉にしてもOK。

材料　　4皿分

紅花油 …… 大さじ 3

玉ねぎ …… 1 と 1/2 個

● 基本の 3 スパイス
[ターメリック …… 小さじ 1
　カイエンペッパー …… 小さじ 1/4
　クミン …… 大さじ 1]

塩 …… 小さじ 1

小麦粉 …… 大さじ 2

チキンブイヨン …… 400ml

アプリコットジャム …… 大さじ 2

じゃがいも …… 1 個（150g）

にんじん …… 1 本（200g）

豚肩ロース肉（とんかつ用）…… 200g

ポイント
ジャムを加えて煮込むと奥深い味になる。

作り方

❶ 玉ねぎはくし形切りにする。じゃがいもとにんじんは乱切りにする。　切る

❷ 豚肉は塩、こしょう（分量外）をふっておく。

❸ フライパンに油を熱し、玉ねぎを加えてしんなりするまで炒める。　炒める

❹ 基本の 3 スパイスと塩を混ぜ合わせて炒め、小麦粉を加えて炒める。✓

❺ チキンブイヨンを加えて煮立て、じゃがいもとにんじん、アプリコットジャムを加えて弱火で 30 分ほど煮る。　煮る

❻ 別のフライパンに油（分量外）を熱し、豚肉を焼く。片面を強火で 1 分ほど炒め、裏返して中火で 1 分 30 秒ほど炒める。まな板で食べやすいサイズに切り、⑤に加えてさっと煮る。

ジャパニーズカレー

色もとろっとした味わいも昔ながらの日本の家カレーです。玉ねぎ、にんじん、じゃがいもがゴロゴロで存在感たっぷり。

カレーの素

具として味わう玉ねぎをカレーの素を作るプロセスで炒めるという変則的な方法。くし形切りの玉ねぎは、形をつぶさず味も食感も玉ねぎの中に残しておきたいため、しんなりする程度まで炒めればいい。

ラムカレー

カリフラワーのスパイス漬け ⇒ P.117

もっとおいしく作るために

カシューナッツはパウダー状のものがあれば、そちらの方がカレーの素によくなじみ、コクも深まります。なくても少しつぶしておくだけで違います。煮込み時間は、45分程度でも十分かな。その場合は、湯は400ml程度で。

材料　4皿分

紅花油 …… 大さじ2

● はじめのスパイス

> カルダモン …… 5粒
> クローブ …… 5粒
> シナモン …… 5cm

玉ねぎ …… 1個

にんにく …… 2片

しょうが …… 2片

水 …… 100ml

カットトマト …… 100g

プレーンヨーグルト …… 100g

カシューナッツ …… 50g

● 基本の3スパイス

> ターメリック …… 小さじ1/2
> カイエンペッパー …… 小さじ1/2
> クミン …… 大さじ1

塩 …… 小さじ1強

湯 …… 500ml

ラムチョップ …… 8本

まいたけ …… 1パック

● 仕上げのスパイス

> 香菜 …… 1束

作り方

❶ 玉ねぎはみじん切りにする。にんにく、しょうがはすりおろし、100mlの水に溶いておく。 　切る

❷ まいたけは小房にわけておく。香菜はざく切りにする。

❸ フライパンに油を熱し、はじめのスパイスを加えて炒める。 　炒める

❹ 玉ねぎを加えてキツネ色になるまで炒め、①のにんにく＆しょうがジュースを加えて水分が飛ぶまで炒める。

❺ トマトを加えて炒め、プレーンヨーグルトを加えて炒める。

❻ カシューナッツと基本の3スパイスと塩を加えて炒める。✓

❼ 湯を注いで煮立て、ラムチョップとまいたけを加えて弱火で60分ほど煮込む。 　煮る

❽ 香菜を混ぜてさっと煮る。

ポイント
じっくりことこと煮込むと旨味が強まる。

カレーの素

トマトとヨーグルトの両方を使って旨味と酸味のあるカレーの素を作るのが特徴。トマトを炒めるプロセスまではきっちり水分を飛ばすことを意識し、ヨーグルトを加えてからは火を少し弱めにして混ぜ合わせる。

豚肉ときのこの白ワインカレー

もっとおいしく作るために

まいたけと生クリーム、白ワインのバランスがいいカレーです。小麦粉を使わないようにして、その代わりに玉ねぎを1.5倍程度に増量する。玉ねぎの炒め具合はレシピ通り。より洗練された仕上がりになるはずです。

たっぷりの白ワインの強い風味が豚肉やマッシュルームの風味となじんでまろやかな味わいをかもし出すカレーです。

材料　4皿分

紅花油 …… 大さじ 2
● はじめのスパイス
　　クミンシード …… 小さじ 1
にんにく …… 1 片
しょうが …… 1 片
玉ねぎ …… 1 個
● 基本の 3 スパイス
　　┌ ターメリック …… 小さじ 1/4
　　│ カイエンペッパー …… 小さじ 1/2
　　└ コリアンダー …… 大さじ 1
塩 …… 小さじ 1
小麦粉 …… 大さじ 2
白ワイン …… 200ml
チキンブイヨン …… 500ml
豚スライス肉（しゃぶしゃぶ用） …… 300g
まいたけ …… 1 パック
ブラウンマッシュルーム …… 5 個
生クリーム …… 100ml

ポイント
白ワインで煮込むとふくよかな香りが生まれる。

作り方

❶ 玉ねぎは薄切りにする。にんにく、しょうがはみじん切りにする。　｜切る

❷ まいたけは小房にわけ、ブラウンマッシュルームは薄切りにする。

❸ フライパンに油を熱し、クミンシードを炒める。　｜炒める

❹ にんにく、しょうがを加えて炒める。

❺ 玉ねぎを加えて濃い茶色になるまで炒める。

❻ 火を弱めて基本の 3 スパイスと塩を加えて炒め、小麦粉を加えて炒める。✓

❼ 白ワインを加えて煮立て、チキンブイヨンを加えて煮立て、弱火にして 10 分煮る。　｜煮る

❽ 豚肉とまいたけ、ブラウンマッシュルーム、生クリームを加えて 20 分ほど煮る。

カレーの素

玉ねぎを濃い茶色になるまで炒めるためには、最初は強火で炒め、徐々に中火〜弱火へと火力を落としていくのがいい。底面積の広いフライパンなら 12 〜 13 分程度、狭いものなら 15 分近く炒める必要がある。

97

カジキマグロのカレー

カジキマグロのマリネ焼き ⇒ P.117

もっとおいしく作るために

白身魚であれば、全般、なんでも合います。
あれば旬の魚を使いましょう。魚をひと口大
に切った後、少々のターメリックと少々の塩
（どちらも分量外）、レモン汁（分量内）で30分ほ
どマリネしておくとベター。

材料　4 皿分

バター …… 30g

フライドオニオン …… 50g

湯 …… 100ml

にんにく …… 1 片

しょうが …… 1 片

カットトマト …… 200g

● 基本の 3 スパイス

　┌ ターメリック …… 小さじ 1/2

　│ カイエンペッパー …… 小さじ 1/2

　└ クミン …… 大さじ 1

塩 …… 小さじ 1 強

水 …… 200ml

牛乳 …… 200ml

はちみつ …… 大さじ 1

レモン汁 …… 大さじ 1

カジキマグロ …… 8 切れ

作り方

❶ フライドオニオンは、湯と混ぜておく。

❷ にんにく、しょうがはすりおろしにする。

❸ カジキマグロはひと口大に切る。

切る

❹ フライパンにバターを熱し、湯に溶いたフライドオニオンを加えて炒める。

❺ にんにく、しょうがを加えて炒め、トマトを加えて水分を飛ばすように炒める。

❻ 基本の 3 スパイスと塩を加えて炒める。✓

炒める

❼ 水を注いで煮立て、牛乳、はちみつ、レモン汁を加えて 15 分ほど煮る。

❽ カジキマグロを加えて火が通るまで煮る。

煮る

ポイント

魚介類は煮込みすぎないのが鉄則。

カレーの素

バターは焦げやすく、フライドオニオンはすでに火が通っていて形も潰れているため、さっと炒め合わせたらにんにく、しょうがを加えるのがいい。トマトは量が多いためきっちり水分を飛ばすように心がける。

カジキマグロの淡白な味だからこそまったりとしたソースがおいしく味わえる、バランスのいいカレーです。

おそば屋さんのカレー丼

もっとおいしく作るために

だし汁と麺つゆが味の決め手となるカレーですから、だし汁はできれば昆布と鰹節を使って自分で作りましょう。麺つゆは原材料表示をチェックしたりして、できるだけおいしいものを選ぶようにしましょう。

材料　4皿分

紅花油 …… 大さじ3
にんにく …… 1片
しょうが …… 1片
玉ねぎ …… 1と1/2個
● 基本の3スパイス
　┌ ターメリック …… 小さじ1/2
　│ カイエンペッパー …… 小さじ1/2
　└ クミン …… 大さじ1
小麦粉 …… 大さじ1
だし汁 …… 800ml
麺つゆ（3倍濃縮） …… 80ml
鶏もも肉 …… 250g
しいたけ …… 2枚
水溶き片栗粉 …… 大さじ2（同量の水で溶く）
水 …… 大さじ2
● 仕上げのスパイス
　　みつば …… 適宜

ポイント
だし汁で煮込むと和風テイストが一気に強まる。

作り方

❶ 玉ねぎ、しいたけは厚めのスライス、にんにくとしょうがはみじん切りにする。

❷ 片栗粉は水に溶いておく。

❸ 鶏肉はそぎ切りにして塩、こしょう（分量外）をふる。みつばはざく切りにする。

切る

❹ フライパンに油を熱し、にんにく、しょうがを加えてさっと炒め、玉ねぎを加えてしんなりするまで炒める。

❺ 基本の3スパイスを加えて炒め、小麦粉を加えて炒める。✓

炒める

❻ だし汁と麺つゆを加えて煮立てる。

❼ 鶏肉としいたけを加えて弱火にして15分煮る。

❽ 水溶き片栗粉を加えてとろみをつけ、みつばを混ぜ合わせる。

煮る

カレーの素

にんにく、しょうがの風味を油に移した後は、具として食べる玉ねぎを炒める。しんなりする程度にとどめるのがいい。基本の3スパイスは、フライパン内にある油と融合させるのが鉄則。ここできっちり炒めたい。

ミックス野菜カレー

トマトのライタ ⇒ P.117

もっとおいしく作るために

牛乳の代わりにプレーンヨーグルトの旨味を
使う方法もあります。牛乳を 300ml の水にし
て、その代わりに 100g のヨーグルトを追加。
よく混ぜ合わせて最後になすを加えるタイミ
ングで使ってみてください。

材料　4皿分

紅花油 …… 大さじ3
にんにく …… 1片
しょうが …… 1片
玉ねぎ …… 1個
カットトマト …… 200g
カシューナッツ …… 30g
● 基本の3スパイス
　　┌ ターメリック …… 小さじ1/2
　　│ カイエンペッパー …… 小さじ1/4
　　└ クミン …… 大さじ1
塩 …… 小さじ1強
牛乳 …… 400ml
にんじん …… 1本
いんげん …… 10本
なす …… 3本

ポイント
牛乳で煮込むとコクとまろやかさが増す。

作り方

❶ にんにく、しょうが、玉ねぎはみじん切りにする。　切る

❷ カシューナッツは砕く。

❸ にんじんは小さめの乱切りにする。いんげんは2cm幅の斜め切りにする。

❹ なすは小さめの乱切りにして揚げ油（分量外）で揚げておく。

❺ フライパンに油を熱し、にんにく、しょうが、玉ねぎを加えて玉ねぎがキツネ色になるまで炒める。　炒める

❻ カットトマトを加えて水分が飛ぶまで炒め、カシューナッツを加えて炒める。

❼ 基本の3スパイスと塩を加えて炒める。✓

❽ 牛乳を加えて煮立て、にんじんといんげんを加えて火が通るまで煮る。　煮る

❾ なすを加えて混ぜ合わせる。

カレーの素

オーソドックスで簡単にできるカレーの素。玉ねぎと一緒に加えるにんにく、しょうがの青臭い風味を飛ばすのがポイント。トマトの量が多いため、カレーの素の仕上がりは、赤色が強い見た目となる。

小さめに切りそろえた3種類の野菜が濃厚なソースとからみ、口の中で混ざり合うと豊かな風味が生まれます。

タイ風イエローカレー

もっとおいしく作るために

ペーストの材料にいかの塩辛を使うのは、タイで使われている「カピ」と呼ばれる小えびの発酵調味料の代わり。肝などの旨味がほしいんです。だから、かに味噌やカツオの酒盗を使ってもおいしくなります。

材料　4皿分

紅花油 …… 大さじ 3
ペースト
　┌ 玉ねぎ …… 1/4 個
　│ にんにく …… 2 片
　│ しょうが …… 2 片
　│ いかの塩辛 …… 小さじ 2
　└ 水 …… 100ml
● 基本の 3 スパイス
　┌ ターメリック …… 小さじ 1
　│ カイエンペッパー …… 小さじ 1/2
　└ クミン …… 小さじ 2
ココナッツミルク …… 400ml
湯 …… 100ml
ナンプラー …… 大さじ 2
豚肩ロース肉 …… 200g
ヤングコーン …… 12 本
じゃがいも …… 2 個
こぶみかんの葉 …… 4 枚

作り方

❶ ペースト用の材料と基本の 3 スパイスをすべてミキサーでペーストにする。

切る

❷ 豚肉とじゃがいもはひと口大に切る。

❸ フライパンに油を熱し、①のペーストを炒める。✓

炒める

❹ ココナッツミルクを加えて煮立て、ナンプラーを加える。

煮る

❺ 豚肉、ヤングコーン、じゃがいも、こぶみかんの葉を加えてじゃがいもに火が通るまで煮る。

ポイント
ココナッツミルクで煮込むとまろやかになる。

玉ねぎやにんにくなどの生の野菜と基本の 3 スパイスとが渾然一体となったカレー。ナンプラーの塩気が全体を引き締めます。

カレーの素

ペーストの炒め加減が肝心。ミキサーでペーストにするときに使う水や野菜自体に含まれている水分をできるだけ飛ばすように炒める。ゆるかったペーストがねっとりした状態になるのが炒め終わりの目安。

ポトフ風スープカレー

クミンライス ⇒ P.117

もっとおいしく作るために

スープカレーを作るときの隠し味に「だし粉」
や「ナンプラー」をちょっと混ぜ合わせるの
がマイブーム。わからないくらいにほんの
少し、煮込み始める前に加えてみてください。
深みがグッと増すのでおすすめ。

材 料　4皿分

オリーブ油 …… 大さじ2
● はじめのスパイス
　　クミンシード …… 小さじ1/2
玉ねぎ …… 2個
● 基本のスパイス
　┌ ターメリック …… 小さじ1/2
　└ カイエンペッパー …… 小さじ1/2
塩 …… 小さじ1強
チキンブイヨン …… 600ml
ココナッツミルク …… 100ml
鶏手羽先 …… 4本
にんじん …… 大1本
セロリ …… 1/2本

ポイント
チキンブイヨンで煮込むとコクが増す。

作り方

❶ 玉ねぎは芯を残して縦半分に切る。にんじんは皮をむいて縦半分に切ってから横に二等分する。セロリは筋を取り、4つにわける。　　切る

❷ 鶏手羽先は塩、こしょう（分量外）をふっておく。

❸ フライパンにオリーブ油を熱し、クミンシードを炒める。　　炒める

❹ 玉ねぎを断面を下にして加えて、断面がこんがりと色づくまで炒める。

❺ 基本のスパイスと塩を加えて炒める。✓

❻ チキンブイヨンを加える。　　煮る

❼ 鶏手羽先とにんじん、セロリを加えて煮立て、ふたをして弱火で45分ほど煮る。

❽ ココナッツミルクを加えて15分ほど煮る。

野菜の甘味や香味と手羽先の旨味、ココナッツミルクの風味が融合した優しい味わいのスープカレー。

カレーの素

カレーの素と呼べるものを作らないでカレーを仕上げる変則的なパターン。とはいえ、具として食べる玉ねぎの断面をしっかりと焼きつけ、油と基本のスパイスを絡めておくと煮込みの段階で風味が高まっていい。

スパイスポークカレー
応用編

材料　4皿分

豚肩ロース肉 …… 600g

マリネ

- 玉ねぎ …… 1/2個
- にんにく …… 2片
- しょうが …… 2片
- 白ワイン …… 75ml
- クミンシード …… 小さじ1
- マスタードシード …… 小さじ1/2
- はちみつ …… 大さじ1
- 梅干し …… 大1個

紅花油 …… 大さじ3

● はじめのスパイス

- カルダモン …… 5粒
- クローブ …… 5粒
- シナモン …… 5cm

玉ねぎ …… 1個

カットトマト …… 250g

プレーンヨーグルト …… 50g

● 基本の3スパイス

- ターメリック …… 小さじ1/4
- カイエンペッパー …… 小さじ1
- クミン …… 小さじ2

塩 …… 小さじ1強

ココナッツミルクパウダー
…… 大さじ4

湯 …… 400ml

● 仕上げのスパイス
香菜 …… 1束

---

① 切る

豚肉はひと口大に切る。梅干しは種を取り、
ミキサーにマリネ用の材料をすべて加えてペースト状にする。
豚肉を漬け込み、冷蔵庫に寝かせる。

玉ねぎはみじん切りにする。
香菜はざく切りにする。

---

② 炒める

フライパンに油を中火で熱し、
はじめのスパイスを加えてカルダモンがぷくっと
膨れるまで炒める。

火加減：🔥🔥

豚肉の旨味を筆頭に、香り、甘味、酸味がバランスよくなじんだリッチな味わいのカレーです。

玉ねぎを加えて濃いキツネ色になるまで炒める。

火加減：🔥🔥

トマトを加えて水分を飛ばすように炒める。

火加減：🔥🔥

プレーンヨーグルトを加えてさらに炒める。

火加減：🔥🔥

火を弱め、基本の3スパイスと塩を混ぜ合わせ、
30秒ほど炒める。

火加減：🔥

カレーの素

こんがりとするまで炒めた玉ね
ぎが、味の決め手となる。強火
で炒め始め、強めの中火から弱
めの中火へと徐々に火を弱めて
いきながら、少なくとも10分
以上は炒めたい。玉ねぎの水分
はきっちり飛ばす。

マリネした豚肉を液ごと加えて火を強める。

火加減：🔥🔥

水分が完全に飛んで、
豚肉の表面全体がきっちり色づくまで煮詰める。

火加減：🔥🔥

半量の湯とココナッツミルクパウダーを加えて強
火でひと煮立ちさせる。

火加減：🔥🔥🔥

残りの湯を注いで煮立て、弱火にして1時間ほど
煮込む。

火加減：🔥

うっすら脂が浮いてきたら香菜を混ぜ合わせて
さっと煮る。

火加減：🔥

香菜が大嫌いだったのは、大学生の頃だ。あのシャクシャクとした歯ごたえは、後頭部の上の方に変なビリビリ感を残す。鼻から抜けていく香りはまるでトイレの芳香剤のようで、プルプルと説明のつかない震えが全身を駆け巡る。しかも、サラダなんかの場合は、香菜がばれないように身をひそめていたりするからたちが悪い。何の警戒もなく口に入れたものの中から突然香菜が姿を現すあの瞬間はおぞましい。

　香菜を「シャンツァイ」と呼ぶことはもちろん知らなかった。「パクチー」という耳慣れない呼称が当時の僕にとっては不幸を呼ぶおまじないのように聞こえたものだ。そんな調子だから、香菜をどっさり使うタイ料理は完全なる敵だった。あんなものを食べる人たちの気がしれない。僕は一生、タイ料理を食べなくてもいいと思っていた。

　そんな僕を別人に変えてくれたのは、駒沢大学駅近くに今もあるタイカレー専門店「ピキヌー」である。あるとき、僕が香菜を苦手であると打ち明けると、こう言われた。「10回ガマンして食べてみて。そうしたら11回目からヤミツキになるから」。

　騙されたと思って……、というのはよく聞くフレーズだが、まさにその通りのセリフだった。今思えば俄（にわ）かに信じがたい話のような気もするけれど、当時の僕は純粋だった。言われた通りに我慢して1回、2回、3回……と食べ始めてみたのである。4回、5回、6回……。自分の中での味わいの印象が変化したようには思えなかった。7回、8回、9回……と数を重ねるころには、これが何回目なのかもわから

なくなった。

　10回目はいつの間にか食べていたんだと思う。そんな調子だから11回目で好きになったかどうかは覚えていない。でも、いつの間にか僕は香菜が大好きになっていた。それどころか銀座のビストロでパクチーサラダという香菜だけがどっさり盛られたサラダをむさぼり食うまでに成長したのである。嘘のような本当の話である。

　香菜はフレッシュスパイスの代表格で、カレーには欠かせない。タイカレーだけでなくインドのカレーにも香菜はかなりの頻度で登場するし、スパイスカレーの仕上げのスパイスとしても重要な存在だ。

　フレッシュというのは、生の状態をさす。たとえば、玉ねぎやにんにくを生のままかじったら強烈に刺激的な辛味や香りを感じるが、加熱をすると刺激は和らぎ、ときには甘味が出ることもある。逆にホールスパイスやパウダースパイスは一度乾燥させており、加熱することで香りが立つというのが特徴。すなわちフレッシュスパイスというのは、そのままの状態で最も香りが強いスパイスだと言える。

　かつて香菜を大嫌いだった僕が昔からずっと大好きなフレッシュスパイスは、カレーリーフである。山椒の仲間であるこのスパイスは、葉が単体でカレーのような香りを持っている。暑い地域に自生する植物のため、日本では冬を越せず、生の状態で手に入ることは滅多にないと言われてきた。だから、たまに日本で働くインド人シェフが生のカレーリーフを目撃すると、「カリパッタ！ カリパッタ！」と現地の呼び名で興奮しながら目を爛々（らんらん）とさせることが

ある。そのくらい日本では希少価値の高いスパイスなのだ。

　ところがあるとき、僕はカレーリーフの苗木を国内で販売しているのを見つけてしまったのである。その場で購入を決めたのは言うまでもない。

　カレーリーフがやって来る、ヤァ！ ヤァ！ ヤァ！ 鉢植えをベランダにそーっと置き、わずかばかりついている葉のうちの1枚をつんでピリッと破ってみる。ツンとした香ばしい香りが鼻の奥を突き刺した。玉ねぎを炒めるときに数枚を加えてみる。その瞬間に突然鍋から立ち上った形容のしがたいあの香りは忘れられない。ベランダの小さな鉢植えは、僕にとって幸せの象徴となった。

　夏は風通しと日当たりのよい場所に出し、秋になると温かい室内にしまった。晴れの日が続いたら適度に水を飲ませてあげた。冬が来て葉が枯れて落ちる前に「ごめんな」とつぶやきながらすべての葉をちぎって"収穫"し、冷凍庫に入れて大切に保管する。春が来るまでチビチビとケチりながら使った。以来、大事に育ててきた我が家のカレーリーフは、今では使い切れないくらいの葉をつけるまでになっている。

　フレッシュスパイスを上手に使いこなせるようになったとき、僕のカレーテクニックは別次元へとワープした。乾燥したスパイスと違って生のスパイスは、大事に扱わなければ状態が変化してしまう。フレッシュスパイスは生きている。だからこそあの刺激的な香りを漂わせてくれるのだ。

スパイスをめぐる冒険 ③

フレッシュスパイスを侮ってはいけないと思ったのだ

スパイスアレンジ・サイドメニュー

スパイスカレーを食べるときに一緒に食べたい味は、
やはり、同じくスパイスを使って作る料理でしょう。
ガッツリ食べごたえのあるものから、ヘルシーなもの、
カレーのおいしさを増幅させてくれるものや
箸休めになるものなどなどをご紹介します。

⇒ P.30

にんじんのアチャール

辛くて酸っぱいつけ合わせ。
黒ごまの風味がアクセントです。

- - - - - - - - - - - - - - - - - - -

〔材料〕4 人前
紅花油 …… 大さじ 2
クミンシード …… 小さじ 1/2
にんじん（1cm 角切り）…… 1 本
● 基本のスパイス
・ターメリック …… 小さじ 1/4
・カイエンペッパー …… 小さじ 1/2
塩 …… 少々
黒すりごま …… 小さじ 1
レモン汁 …… 大さじ 2

- - - - - - - - - - - - - - - - - - -

〔作り方〕
❶ にんじんは、ゆでておく。
❷ フライパンに油を熱し、クミンシードを炒める。
❸ ①のにんじんを加えてさっと炒め、基本のスパイス、塩、黒すりごまを加えて炒め合わせる。
❹ レモン汁を加えて全体を混ぜ合わせる。

⇒ P.34

じゃがいものサブジ

炒めて蒸したじゃがいもらしい
味わいと食感を楽しめます。

- - - - - - - - - - - - - - - - - - -

〔材料〕4 人前
紅花油 …… 大さじ 2
クミンシード …… 小さじ 1
にんにく（薄切り）…… 1/4 片
しょうが（薄切り）…… 1/4 片
● 基本のスパイス
・ターメリック …… 小さじ 1/4
・カイエンペッパー …… 小さじ 1/4
塩 …… 少々
じゃがいも（1.5cm 角切り）…… 2 個

- - - - - - - - - - - - - - - - - - -

〔作り方〕
❶ フライパンに油を熱し、クミンシードを加えて炒める。
❷ にんにく、しょうがを加えて炒める。
❸ 基本のスパイス、塩、じゃがいもを加えて混ぜ合わせ、ふたをして弱火で10 分ほど蒸すような感覚で火を通す。

⇒ P.36

じゃがいものアチャール

アチャールとはインドの漬けものの一種。
レモンの酸味が特徴です。

- - - - - - - - - - - - - - - - - - -

〔材料〕4 人前
紅花油 …… 大さじ 1
じゃがいも …… 2 個
● 基本の 3 スパイス
・ターメリック …… 小さじ 1/4
・カイエンペッパー …… 小さじ 1/4
・クミン …… 小さじ 1/4
塩 …… 小さじ 1/2
黒すりごま …… 小さじ 1
レモン汁 …… 大さじ 1

- - - - - - - - - - - - - - - - - - -

〔作り方〕
❶ じゃがいもはさいの目切りにし、ゆでておく。
❷ じゃがいもに基本の 3 スパイスと塩、黒すりごまを加えて炒め合わせ、レモン汁を混ぜ合わせる。

⇒ P.38

にんじんといんげんのグラッセ

ビーフカレーと相性のいい料理です。
クミンの香りで野菜の甘味がひきたちます。

- -

〔材料〕 4人前
にんじん（乱切り）…… 1本
いんげん（1/3 に切る）…… 10本
水 …… 適量
バター …… 15g
塩 …… 小さじ 1/2
クミンパウダー …… 小さじ 1/4

- -

〔作り方〕
❶ フライパンににんじんとバター、塩を加えてひたひたになるまで水を加えて煮立てる。
❷ 弱火にしてにんじんに少し硬めに火が通るまで煮て、いんげんを加えて煮る。
❸ クミンを混ぜ合わせ、火を強めて水分を飛ばす。水分が多すぎる場合は、適度にこぼす。

⇒ P.40

チャイ

カレーの後のひとときにおすすめ。
砂糖の量はお好みで。

- -

〔材料〕 4人前
カルダモン（つぶす）…… 8粒
クローブ …… 10粒
シナモン（折る）…… 1本
しょうが（つぶす）…… 1片
茶葉（ダージリン）…… 大さじ 2
砂糖 …… 大さじ 2〜3
牛乳 …… 500ml

- -

〔作り方〕
❶ 鍋に材料をすべて加え、中火にかける。
❷ 煮立ったら火を弱め、再び煮立て、3回ほど繰り返して茶こしで漉す。

⇒ P.42

ブリのスパイシーフライ

ブリがフワフワに仕上がります。
ビールのつまみにも。

- -

〔材料〕 4人前
ブリ（切り身）…… 4切れ
紹興酒 …… 小さじ 1
しょう油 …… 小さじ 1
しょうが汁 …… 大さじ 1
● 基本の3スパイス
・ターメリック …… 小さじ 1/4
・カイエンペッパー …… 小さじ 1/4
・クミン …… 小さじ 1
塩 …… 少々
片栗粉 …… 適量

- -

〔作り方〕
❶ ブリと片栗粉以外の材料をボウルでよく混ぜ、ブリを漬けて15分ほど置いておく。
❷ 片栗粉をまぶし、180度に熱した油で表面がこんがりするまで揚げる。

⇒ P.44

オレンジラッシー

オレンジのすっきりした香りが
ほのかに香るヨーグルトドリンク。

〔材料〕 4 人前
プレーンヨーグルト …… 300g
オレンジジュース …… 200ml
牛乳 …… 200ml
はちみつ …… 大さじ 1
クミンパウダー …… 小さじ 1/2

〔作り方〕
❶ 材料をすべてボウルに入れて泡立てるように混ぜ合わせる。

⇒ P.56

キーマそぼろ

ひき肉をカリッとするまで炒めて
ふりかけ感覚で。

〔材料〕 4 人前
紅花油 …… 大さじ 1
牛ひき肉 …… 50g
青唐辛子 …… 1 本
クミンパウダー …… 小さじ 1/4
塩 …… 小さじ 1/2
卵 …… 2 個

〔作り方〕
❶ 青唐辛子は輪切りにする。卵は溶いておく。
❷ フライパンに油を熱し、牛ひき肉を加えて完全に火が通るまで炒める。
❸ 青唐辛子とクミン、塩を加えて混ぜ合わせる。
❹ 卵を加えてぼろぼろになるまで炒める。

⇒ P.62

スパイシーポテトサラダ

ターメリックの鮮やかな黄色が
食欲をそそる。

〔材料〕 4 人前
じゃがいも …… 2 個
ターメリックパウダー …… 小さじ 1/4
マヨネーズ …… 大さじ 1
レモン汁 …… 小さじ 1
砂糖 …… 小さじ 1/2
塩こしょう …… 少々

〔作り方〕
❶ じゃがいも以外の材料をすべてボウルに入れて混ぜ合わせる。
❷ じゃがいもの皮をむき、適当なサイズに切ってゆでる。粗熱を取ってつぶし、①を混ぜ合わせる。

⇒ P.68

鶏手羽先のスパイシー揚げ

からっと揚げて香ばしく仕上げたい。
パーティなどでも重宝します。

〔材料〕 4 人前
鶏手羽先 …… 8 本
つけ汁
・おろしにんにく …… 小さじ 1/2
・日本酒 …… 小さじ 2
・しょう油 …… 小さじ 1
・砂糖 …… 小さじ 1/2
・卵黄 …… 1 個分
● 基本の 3 スパイス
・ターメリック …… 小さじ 1/4
・カイエンペッパー …… 小さじ 1/4
・クミン …… 小さじ 1
小麦粉 …… 適量
片栗粉 …… 適量

〔作り方〕
❶ 鶏手羽先の先を切り落とし、手羽中部分に切り込みを入れる。
❷ ボウルにつけ汁の材料と基本の 3 スパイスをすべて混ぜ合わせ、①を加えて漬け込み、しばらく置いておく。
❸ 小麦粉をまぶし、片栗粉をまぶして 180 度の油でこんがりするまで揚げる。

⇒ P.72

ラムチョップ焼き

ラムにスパイスをもみ込んで焼く
シンプルな料理。

〔材料〕 4 人前
ラムチョップ …… 4 本
● 基本の 3 スパイス
・ターメリック …… 小さじ 1/4
・カイエンペッパー …… 小さじ 1/4
・クミン …… 小さじ 1/2
塩 …… 小さじ 1/2

〔作り方〕
❶ ラムチョップに基本の 3 スパイスと塩をまぶしておく。
❷ 200 度に熱したオーブンで 15 分焼く。

⇒ P.74

鶏唐揚げのスパイス炒め

濃いめの味つけとほんのりとした酸味で
つまみにピッタリ。

〔材料〕 4 人前
紅花油 …… 大さじ 1
クミンシード …… 小さじ 1/4
にんにく（みじん切り）…… 小さじ 1/2
しょうが（みじん切り）…… 小さじ 1/2
トマトピューレ …… 大さじ 1
鶏唐揚げ …… 200g
いんげん …… 10 本

〔作り方〕
❶ いんげんは 3cm 幅に切ってさっと塩ゆでしておく。
❷ フライパンに油を熱し、クミンシードを加えて炒める。
❸ にんにく、しょうがを加えて炒め、トマトピューレを加えて混ぜ合わせる。
❹ 鶏唐揚げといんげんを加えて炒め合わせる。

⇒ P.86

ほうれん草のソテー

バターとほうれん草とクミンの相性を
楽しむ料理です。

- - - - - - - - - - - - - - - - - - - -

〔材料〕 4人前
バター …… 10g
ほうれん草 …… 1/2 束
赤唐辛子 …… 1本
クミンパウダー …… 小さじ 1/4
塩 …… 小さじ 1/4

- - - - - - - - - - - - - - - - - - - -

〔作り方〕
❶ ほうれん草は塩ゆでして水洗いし、
ざるに上げて水けを切っておく。
❷ フライパンにバターと赤唐辛子を熱
し、クミンと塩を混ぜ合わせ、①のほう
れん草を加えてさっと炒める。

⇒ P.90

菜の花のスパイス炒め

緑色が鮮やかで春に作りたい一品。
肉を使ったカレーと相性がいい。

- - - - - - - - - - - - - - - - - - - -

〔材料〕 4人前
菜の花（茎を斜め半分に切る）…… 6本
紅花油 …… 小さじ 2
クミンシード …… 小さじ 1/4
塩 …… 少々

- - - - - - - - - - - - - - - - - - - -

〔作り方〕
❶ 菜の花は葉と茎をわけて茎の部分を
斜め半分に切る。
❷ フライパンに油を熱し、クミンシー
ドを加えて炒める。
❸ ①の菜の花と塩を加えて混ぜ合わせ、
ふたをして蒸すように火を通す。

⇒ P.94

カリフラワーの
スパイス漬け

すごく簡単なさっぱり味の料理。
意外とくせになります。

- - - - - - - - - - - - - - - - - - - -

〔材料〕 4人前
カリフラワー …… 1/3 房
オリーブ油 …… 小さじ 2
レモン汁 …… 大さじ 1
基本のスパイス
・ターメリック　小さじ 1/4
・クミン　小さじ 1/8
塩 …… 少々

- - - - - - - - - - - - - - - - - - - -

〔作り方〕
❶ カリフラワー以外の材料をよく混ぜ
合わせておく。
❷ カリフラワーは小房にわけてゆでる。
❸ ①と②を混ぜ合わせて粗熱を取り、
冷蔵庫で冷やす。

⇒ P.98

カジキマグロのマリネ焼き

さっぱりした味わいだから
いくつでも食べられる。

- - - - - - - - - - - - - - - - - - - -

〔材料〕 4人前
カジキマグロ …… 2切れ
マリネ
・プレーンヨーグルト …… 100g
・粉チーズ …… 大さじ 1
・塩 …… 小さじ 1/2
● 基本のスパイス
・ターメリック …… 小さじ 1/2
・クミン …… 小さじ 1/2

- - - - - - - - - - - - - - - - - - - -

〔作り方〕
❶ カジキマグロはひと口大に切る。
❷ ボウルにマリネ用の材料と基本のス
パイスを混ぜ合わせて①のカジキマグロ
を漬け込み、2時間ほど置いておく。
❸ 250度に熱したオーブンで8分焼く。

⇒ P.102

トマトのライタ

マスタードとクミンの香ばしさが
アクセント。

- - - - - - - - - - - - - - - - - - - -

〔材料〕 4人前
プレーンヨーグルト …… 100g
トマト（ざく切り）…… 2個
塩 …… 少々
紅花油 …… 小さじ 2
マスタードシード …… 小さじ 1/4
クミンシード …… 小さじ 1/4

- - - - - - - - - - - - - - - - - - - -

〔作り方〕
❶ ボウルにヨーグルトとざく切りのト
マト、塩を混ぜ合わせておく。
❷ フライパンに油を熱し、マスタード
シードを加えてふたをして炒める。
❸ パチパチする音がおさまったらふた
をあけてクミンシードを加えて炒め、①
のボウルに混ぜ合わせる。

⇒ P.106

クミンライス

グリーンピースの甘味と
クミンの香りがいいバランス。

- - - - - - - - - - - - - - - - - - - -

〔材料〕 4人前
炊いたライス …… 2皿分
紅花油 …… 大さじ 1
クミンシード …… 小さじ 1/4
塩 …… 少々
レモン汁 …… 小さじ 1
グリーンピース …… 55g

- - - - - - - - - - - - - - - - - - - -

〔作り方〕
❶ フライパンに油を熱し、クミンシー
ドを加えて炒める。
❷ 塩とレモン汁、グリーンピース、ラ
イスを混ぜ合わせて火を止め、グリーン
ピースをつぶすように混ぜ合わせる。

もっとおいしいスパイスカレーを作るための
Q&A

スパイスは、カレーをおいしく作りたいと考える人にとって頼りになる味方です。
とはいえ、なじみの薄い存在だから不安やハードルを感じる人もいることでしょう。
もったいない！ ここでは、よくあるスパイスの質問に僕なりにお答えします。

Q1 本場のインドカレーのスパイスは、何種類ぐらいあるんですか？

A スパイスの種類自体は 50 種とも 100 種以上とも言われていますが、
インドで一般的に 1 種類のカレーの使われるスパイスの種類は平均 10 種類以下です。
家庭では本書と同じ 3 〜 5 種類程度で多数のバリエーションが作られています。

Q2 スパイスカレーは翌日でもおいしく食べられますか？

A 香りは和らぎますが、その分、味が詰まって濃くなるため、おいしく感じることもあるかもしれません。

Q3 スパイスは体にいいのでしょうか？

A 体にいいと言われていますが、たとえばインド医学などを専門的に習得した人でない限り、具体的な体の症状に合わせてスパイスを処方するのは至難の業です。

Q4 スパイスの配合（組み合わせ）にルールはありますか？

A 基本のスパイスでいえば、ターメリックやカイエンペッパーは少なめに、
クミン（またはコリアンダー）は多めに、というのが基本的なバランスです。

Q5 油はいっぱい使った方がおいしくなりますか？

A 程度にもよりますが、基本的には多い方がおいしいと感じると思います。
通常、インド料理店のカレーには、本書の 2 倍以上の量が使われています。

Q6 使用する油はなんでもいいのでしょうか？

A サラダ油でかまいません。
僕は体によく味もいい紅花油を気に入って使っています。

Q7 カレーを辛くするためには
どうしたらいいですか？

A カイエンペッパーを
多めにしてください。

Q8 塩加減の正解が
わかりません。

A スパイスカレーでは、基本のスパイスを加えるときに同時に塩を加えることをおすすめしていますが、ここで多く入れすぎた場合にはリカバーすることが困難です。そのため、気持ち少な目を加え、料理の仕上げに味見をして足りない分を足してください。また、レシピにある塩の量はあくまでも目安です。粒子の細かさや塩けの濃さは塩の種類によって変わりますので、使う塩の特徴を理解することが大事です。

Q9 スパイスはどれも
辛いのでしょうか？

A 辛みを持つスパイスは、カイエンペッパー、ブラックペッパー、マスタードなどごくわずかです。ただ、我々日本人はスパイスになじみが薄いため、辛みのないスパイスでもその刺激的な香りを「辛い」と感じる人も少なくないようです。

Q10 ガラムマサラは
使わないのですか？

A もしあれば、ほんの微量を仕上げのスパイスとして加えてみてください。風味豊かなスパイスカレーができます。ただし、香りの個性が強いミックススパイスですので、なんでもかんでもガラムマサラを入れてしまうと素材の味わいやほかのスパイスの特徴が損なわれてしまいがちです。そのため、僕は個人的になるべくガラムマサラに頼らないように心がけています。

Q11 辛いカレーを
甘くすることはできますか？

A 一度カレーに入った辛味成分の量を減らしたり取り除いたりすることは、残念ながらできません。ただし、甘味や酸味を際立たせることによって辛味を相対的に感じにくくすることはできます。

Q12 スパイスが手に入らなかった場合、
別のスパイスで代用はできますか？

A 代用できるものとできないものがあります。
クミンパウダーとコリアンダーパウダーについては、
代用してもカレーとしてはおいしく成立しますし、
それなりに香りのちがいを楽しめると思います。

Q¹³ スパイスカレーをもっとおいしくする アイテム（かくし味）を教えてください。

A いろいろなかくし味があります。

バター

最初の油の代わりに使えば強烈なコクが加わります。仕上げに混ぜ合わせると乳化の促進にもなります。

牛乳

水の代わりに煮込めばまろやかなカレーに仕上がります。特に野菜が主役のカレーとの相性がいいです。

生クリーム

コクを生む乳製品の代表格。仕上げに加えて煮ることでクリーミーな色とリッチな味わいを実現できます。

粉チーズ

どんなカレーにもコクを出せる万能調味料です。ほどよいとろみがつくし、ライスと混ぜるのもありです。

ジャム

甘味とフルーツの風味を加えたいときに効果的。ブルーベリー、アプリコットなど味わいも様々。

フライドオニオン

玉ねぎ炒めの代用として活躍する、強烈なコク出しアイテム。湯で溶いてから加えるのがポイント。

チキンブイヨン

顆粒タイプ。日本人の大好きな動物性の旨味を加えるのに最適。既製品の場合、塩味も加わるので要注意。

カシューナッツ

ナッツ類はカレーに強烈なコクを生む。インドでも定番のかくし味です。アーモンドやピーナッツも有効。

三温糖

甘味は旨味。煮込みの段階で加えると食べやすい味わいのカレーに仕上がります。砂糖系ならなんでもOK。

はちみつ

風味豊かな甘味が生まれ、とろみと照り
もつけられる。ダイレクトに砂糖を使う
よりも優しい甘味が加わります。

小麦粉

小麦粉のとろみでまったりとしたおいし
さを加えられます。基本のスパイスとと
もに炒めるのが鉄則。

片栗粉

なめらかなとろみと食欲をそそる照りを
生むアイテム。同量の水で溶いて少しず
つ加えるのがおすすめです。

しょう油

日本人好みの旨味を加える万能調味料。
濃口か薄口かによって量の調整が必要で
す。使いすぎに注意。

ナンプラー

タイ料理を代表する発酵調味料。少量で
ほんのり効かせるとよい。タイカレーに
は欠かせないアイテムです。

豆板醤

カレーに辛味と旨味を同時に加えられる。
中華風の味つけになるため、素材との相
性などは考慮する必要あり。

マンゴーチャツネ

カレーのかくし味として昔からメジャー
なアイテムです。甘味と酸味と風味がカ
レーに奥行きを出します。

ココナッツミルク

まろやかな味わいとコクを生む汎用性の
高いアイテムです。独特の風味は少し好
き嫌いが分かれるかもしれません。

ワイン

酸味と独特の風味、食欲をそそる色味な
どがつきます。煮込み時に少量加えたり
肉にマリネしたりするのが効果的。

ゴマ油

パンチ力のあるおいしさと個性的な風味
をつけられる。スパイスの香りとのバラ
ンスを考慮する必要があります。

オリーブ油

独特のフレーバーがカレーをリッチな風
味にします。シーフードカレーや野菜カ
レーとの相性がいいです。

固形のルウで作るカレーやレス
トランで食べるインド料理、欧
風カレーには、油のパンチ力や
乳製品などのコクが大量に使
われています。それに比べると
本書のスパイスカレーは素材の
持ち味を大切にしたレシピです
が、「物足りない」と感じる方は、
以上のアイテムを好みに応じて
少しずつ足してみてください。

Q14 フライパン以外では
どんな鍋を使うのがいいですか？

A フッ素樹脂加工の片手鍋がおすすめです。
油が少なくて済むし、焦げる心配も少ない。
また、両手鍋よりも片手の方が炒めやすいです。

Q15 スパイスはどこで手に入りますか？

A 本書に登場するスパイスは主にスーパーのスパイスコーナーで購入できますが、
手軽にそろえられるのは、インターネット通販です。
僕が利用しているのは、スピンフーズです。http://www.spinfoods.net/

Q16 ココナッツミルクが苦手なのですが、
牛乳や生クリームで代用できますか？

A 代用可能ですが、風味が少しちがってくると思います。

Q17 カイエンペッパーが
見つかりません。

A レッドチリ、レッドペッパーなどの
名前で販売されている場合もあります。

Q18 スパイスに賞味期限はありますか？

A あります。商品に表示されているので参考にしてください。
開封後のスパイスは、密閉容器に入れ、冷暗所で保存するのがいいです。
賞味期限をすぎてしまっていても、乾煎りすることで香りが戻る場合もあります。

Q19 マリネした肉についたヨーグルトは
そのまま入れてもいいのですか？

A 旨味の素ですから、ぜひそのまま入れてください。

Q²⁰ カレーの素には どんなものがありますか？

 本書に登場したカレーの素を一覧にしてみました。ご覧ください。

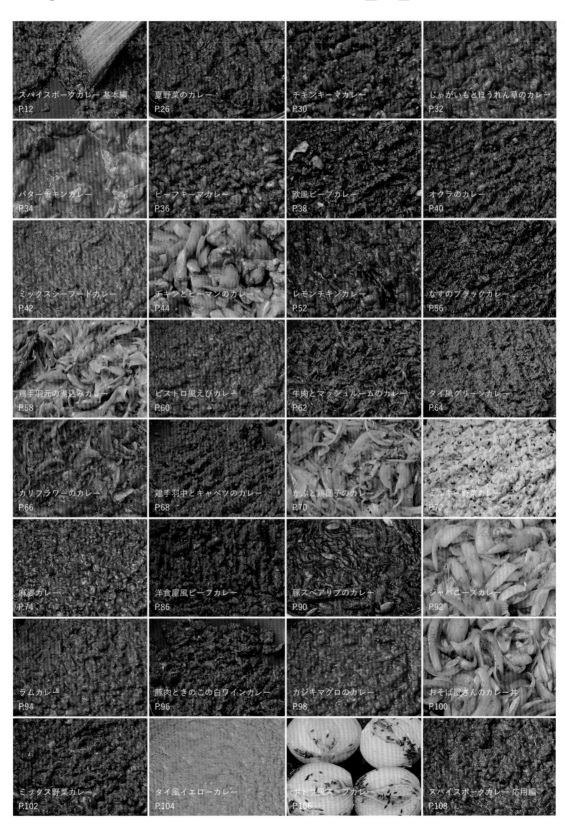

スパイスポークカレー 基本編 P.12	夏野菜のカレー P.26	チキンキーマカレー P.30	じゃがいもとほうれん草のカレー P.32
パターチキンカレー P.34	ビーフキーマカレー P.36	欧風ビーフカレー P.38	オクラのカレー P.40
ミックスシーフードカレー P.42	チキンとピーマンのカレー P.44	レモンチキンカレー P.52	なすのブラックカレー P.56
鶏手羽元の煮込みカレー P.58	ビストロ風えびカレー P.60	牛肉とマッシュルームのカレー P.62	タイ風グリーンカレー P.64
カリフラワーのカレー P.66	鶏手羽中とキャベツのカレー P.68	かぶと鶏団子のカレー P.70	ミルキー野菜カレー P.72
麻婆カレー P.74	洋食屋風ビーフカレー P.86	豚スペアリブのカレー P.90	ジャパニーズカレー P.92
ラムカレー P.94	豚肉ときのこの白ワインカレー P.96	カジキマグロのカレー P.98	おそば屋さんのカレー丼 P.100
ミックス野菜カレー P.102	タイ風イエローカレー P.104	ポトフ風スープカレー P.106	スパイスポークカレー 応用編 P.108

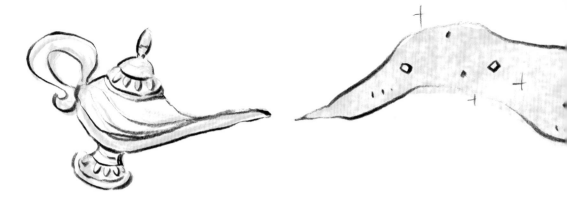

スパイスをめぐる冒険 ④

ミックススパイスに頼ってはいけないと思ったのだ

ガラムマサラというものは、長い間、僕にとって魔法使いのような存在だった。あれをカレーの仕上げにパラリとひと振りすれば、たちまち本格的な味に変身する。そうどこかの何かで読んだ記憶があった。実際に固形のルウで作ったカレーに試してみると確かに見まごうほどの香りが生まれ、自分の作ったカレーじゃないような味わいになった。それからというもの僕は、カレーの仕上げになんでもかんでもガラムマサラをパラパラとやった。色んな種類のガラムマサラを買ってきてはその香りの違いを比べてみたり、いくつかをブレンドしてみたりして楽しんだ。ガラムマサラ。この名前にも僕は惹かれていた。特に"ガラム"という響きに何か怪しいただならぬ雰囲気を感じていて、いけないものを手にしているかのような気持ちに浸ったものだ。

ガラムマサラとは、インドで最もメジャーなミックススパイスである。5〜6種類から10種類程度のスパイスを乾煎りしてブレンドし、ミルなどで挽いて粉状にしたものだ。香りのいいスパイスの代表格的な存在が複数種混ざり合っているわけだから、いいとこどりのアイテムである。ハマるのも無理はない。

ある日、僕は、すばらしいガラムマサラと出会った。パッケージに"いい香り"と書かれた、どう

見ても怪しい雰囲気を漂わせるそのガラムマサラは、これまで使ってきたものとは全く別の香りを持っていた。いや香りというよりも風味があった。要するに味がするのだ。スパイスには本来、味をつけるという作用はない。それなのにそのガラムマサラには味がする。しかも、なぜかほんのりと鰹節の風味がするのだ。

そんな馬鹿なことがあっていいのだろうか。半信半疑で僕はガラムマサラに少しだけ塩を混ぜ合わせ、ご飯にふりかけてみる。するとエキゾチックなカツオのふりかけご飯が出来上がった。原材料を問い合わせてみる。当たり前だが鰹節は使われていなかった。僕はおおいに混乱した。

かつて、親しいインド料理店のオーナーがこんなことを言っていたのを思い出す。「チキンカレーが抜群においしくできたときは、なぜかわからないけれど、しょう油の味がする」。インド料理にしょう油を使うことはありえない。でも出来上がったカレーはしょう油の風味がする。それが抜群においしくできた証拠だというのだ。

入れたはずのないものの味がするというのは、調理の過程で何かしらの化学反応が起こって新たな味が生まれていることになる。鍋の中にまさに魔法がかかっているわけだから、おいしくないはずがない。僕が出会ったガラムマサラが鰹節の風味がするというのはおそらく"しょう油味のチキンカレー"と同じ理屈で、これは大変な代物ということになる。他のガラムマサラとは全くの別物で、"魔法使いの中の魔法使い"のような存在と言っていい。これにはしばらく夢中になった。

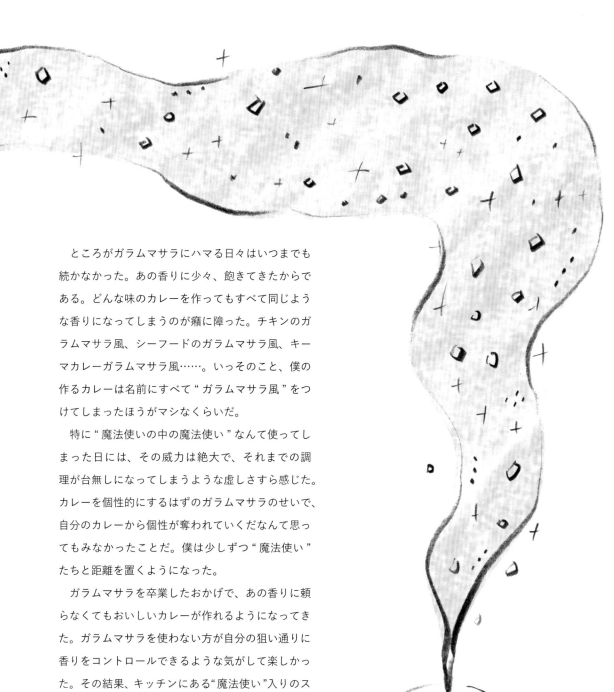

　ところがガラムマサラにハマる日々はいつまでも
続かなかった。あの香りに少々、飽きてきたからで
ある。どんな味のカレーを作ってもすべて同じよう
な香りになってしまうのが癪に障った。チキンのガ
ラムマサラ風、シーフードのガラムマサラ風、キー
マカレーガラムマサラ風……。いっそのこと、僕の
作るカレーは名前にすべて"ガラムマサラ風"をつ
けてしまったほうがマシなくらいだ。

　特に"魔法使いの中の魔法使い"なんて使ってし
まった日には、その威力は絶大で、それまでの調
理が台無しになってしまうような虚しさすら感じた。
カレーを個性的にするはずのガラムマサラのせいで、
自分のカレーから個性が奪われていくだなんて思っ
てもみなかったことだ。僕は少しずつ"魔法使い"
たちと距離を置くようになった。

　ガラムマサラを卒業したおかげで、あの香りに頼
らなくてもおいしいカレーが作れるようになってき
た。ガラムマサラを使わない方が自分の狙い通りに
香りをコントロールできるような気がして楽しかっ
た。その結果、キッチンにある"魔法使い"入りのス
パイスジャーはどんどん片隅に追いやられていった。

　今、僕にとってガラムマサラは遠く離れて暮らす
親友のようだ。

　キミがすごいことは知っているし、力になっても
らった日々のことは決して忘れない。今の僕が頻繁
に会うのは、ターメリック君、レッドチリ君、クミ
ン君、コリアンダー君だけど、キミがどこかにいる
んだという事実だけで僕は安心できる。だから、い
つかキミに頼るときがくるとすれば、それは僕が本
当に困ったり悩んだりしたときだけにしようと思う。

おわりに

もっとおいしいスパイスカレー、いかがでしたか？

はじめてスパイスカレーを作ったみなさんには、
新鮮な体験だったんじゃないでしょうか？
レストランで食べるカレーや
家で市販の固形ルウを使って作るカレーとは
全くちがう味わいを実感していただけたと思います。

本書を制作するにあたって、
僕は幼いころにいつも使っていたカレー皿を
静岡の実家から東京へ持ってきました。
オーバル型の白い平皿に青色で花柄模様があしらわれた、
なんのへんてつもないお皿です。

いつも母親が作るルウカレーを盛っていたその皿に
自分が作るスパイスカレーを盛りつけてみる。
この味を知らずに過ごした10代までのことを思い起こし、
ちょっと感慨深い気持になりました。

新しい味を知り、それを自分で作れるようになることは
これからのカレーライフに想像以上の豊かさと刺激を
与えてくれることになるはずです。
スパイスカレーのレシピでそんな未来が実現できたら、
著者としてこんなに嬉しいことはありません。

みなさんにとって、本書が、
カレーのある日々をおいしく彩ることができる、
使い勝手のいい手ほどきとなりますように。

No Spice, No Life.

2013年初夏
水野仁輔

水野仁輔（みずの・じんすけ）

AIR SPICE 代表。1999年以来、カレー専門の出張料理人として全国各地で活動。『カレーの教科書』（NHK出版）、『スパイスカレーを作る』『いちばんやさしい スパイスの教科書』（ともにパイ インターナショナル）などカレーに関する著書は60冊以上。世界を旅するフィールドワークを通じて、「カレーとは何か？」を探求し続けている。本格カレーのレシピつきスパイスセットを定期頒布するサービス「AIR SPICE」を運営中。

http://www.airspice.jp/

改訂版
3スパイス＆3ステップで作る
もっとおいしい！

はじめてのスパイスカレー

2021年7月15日　初版第1刷発行
2022年5月14日　　　第2刷発行

著者	水野仁輔
撮影	今清水隆宏
イラスト	佐伯ゆう子
デザイン	根本真路
校正	広瀬 泉、株式会社 鷗来堂
制作協力	UTUWA
編集	長谷川卓美

発行人　三芳寛要
発行元　株式会社パイ インターナショナル
　　　　〒170-0005　東京都豊島区南大塚 2-32-4
　　　　TEL 03-3944-3981　FAX 03-5395-4830
　　　　sales@pie.co.jp

印刷・製本　図書印刷株式会社

©2021 Jinsuke Mizuno / PIE International
ISBN 978-4-7562-5520-4　C0077
Printed in Japan